BAMIDBAR

LE LIVRE DES NOMBRES

Traduction par
ZADOC KAHN

במדבר

TABLE DES MATIÈRES

Chapitre 1	1
Chapitre 2	6
Chapitre 3	10
Chapitre 4	15
Chapitre 5	20
Chapitre 6	24
Chapitre 7	27
Chapitre 8	35
Chapitre 9	38
Chapitre 10	41
Chapitre 11	45
Chapitre 12	50
Chapitre 13	52
Chapitre 14	55
Chapitre 15	60
Chapitre 16	64
Chapitre 17	68
Chapitre 18	72
Chapitre 19	76
Chapitre 20	79
Chapitre 21	83
Chapitre 22	87
Chapitre 23	92
Chapitre 24	95
Chapitre 25	98
Chapitre 26	100
Chapitre 27	106
Chapitre 28	109
Chapitre 29	113
Chapitre 30	117
Chapitre 31	119

Chapitre 32   124
Chapitre 33   129
Chapitre 34   133
Chapitre 35   136
Chapitre 36   140

CHAPITRE UN

L'Éternel parla en ces termes à Moïse, dans le désert de Sinaï, dans la tente d'assignation, le premier jour du second mois de la deuxième année après leur sortie du pays d'Égypte :

2 "Faites le relevé de toute la communauté des enfants d'Israël, selon leurs familles et leurs maisons paternelles, au moyen d'un recensement nominal de tous les mâles, comptés par tête.

3 Depuis l'âge de vingt ans et au-delà, tous les Israélites aptes au service, vous les classerez selon leurs légions, toi et Aaron.

4 Vous vous adjoindrez un homme par tribu, un homme qui soit chef de sa famille paternelle.

5 Or, voici les noms des hommes qui vous assisteront : pour la tribu de Ruben, Eliçour, fils de Chedéour ;

6 pour Siméon, Cheloumïel, fils de Çourichaddaï ;

7 pour Juda, Nahchôn, fils d'Amminadab ;

8 pour Issachar, Nethanel, fils de Çouar ;

9 pour Zabulon, Elïab, fils de Hêlôn ;

10 pour les fils de Joseph : pour Ephraïm, Elichama, fils d'Ammihoud ; pour Manassé, Gamliel, fils de Pedahçour ;

11 pour Benjamin, Abidân, fils de Ghidoni ;

12 pour Dan, Ahïézer, fils d'Ammichaddaï ;

13 pour Aser, Paghïel, fils d'Okrân ;

14 pour Gad, Elyaçaf, fils de Deouêl ;

15 pour Nephtali, Ahira, fils d'Enân.

16 Ceux-là sont les élus de la communauté, princes de leurs tribus paternelles ; ce sont les chefs des familles d'Israël."

17 Moïse et Aaron s'adjoignirent ces hommes, désignés par leurs noms.

18 Puis ils convoquèrent toute la communauté, le premier jour du second mois ; et on les enregistra selon leurs familles et leurs maisons paternelles, en comptant par noms ceux qui avaient vingt ans et plus, chacun individuellement,

19 ainsi que l'Éternel l'avait prescrit à Moïse. Leur dénombrement eut lieu dans le désert de Sinaï.

20 Les descendants de Ruben, premier-né d'Israël, étant classés selon leur origine, leurs familles, leurs maisons paternelles : d'après le compte nominal et par tête, pour tout mâle âgé de vingt ans et plus, apte au service,

21 les recensés, dans la tribu de Ruben, se montèrent à quarante-six mille cinq cents.

22 Pour les descendants de Siméon, classés selon leur origine, leurs familles, leurs maisons paternelles, recensés d'après le compte nominal et par tête de tout mâle âgé de vingt ans et plus, aptes au service,

23 les recensés, dans la tribu de Siméon, se montèrent à cinquante-neuf mille trois cents.

24 Pour les descendants de Gad, classés selon leur origine, leurs familles, leurs maisons paternelles : d'après le compte nominal de tous les hommes âgés de vingt ans et plus, aptes au service,

25 les recensés, dans la tribu de Gad, se montèrent à quarante-cinq mille six cent cinquante.

26 Pour les descendants de Juda, classés selon leur origine, leurs familles, leurs maisons paternelles : d'après le compte nominal de tous les hommes âgés de vingt ans et plus, aptes au service,

27 les recensés, dans la tribu de Juda, se montèrent à soixante-quatorze mille six cents.

28 Pour les descendants d'Issachar, classés par origine, familles, maisons paternelles : d'après le compte nominal de tous les hommes âgés de vingt ans et plus, aptes au service,

29 les recensés, dans la tribu d'Issachar, se montèrent à cinquante-quatre mille quatre cents.

30 Pour les descendants de Zabulon, classés par origine, familles, maisons paternelles : suivant le compte nominal de tous les hommes âgés de vingt ans et plus, aptes au service,

31 les recensés, dans la tribu de Zabulon, se montèrent à cinquante-sept mille quatre cents.

32 Quant aux tribus issues de Joseph : pour les descendants d'Ephraïm, classés selon leur origine, leurs familles, leurs maisons paternelles : suivant le compte nominal de tous les hommes âgés de vingt ans et plus, aptes au service,

33 les recensés, dans la tribu d'Ephraïm, se montèrent à quarante mille cinq cents.

34 Pour les descendants de Manassé, classés selon leur origine, leurs familles, leurs maisons paternelles : d'après le

compte nominal de tous les hommes âgés de vingt ans et plus, aptes au service,

35 les recensés, dans la tribu de Manassé, se montèrent à trente-deux mille deux cents.

36 Pour les descendants de Benjamin, classés par origine, familles, maisons paternelles : suivant le compte nominal de tous les hommes âgés de vingt ans et plus, aptes au service,

37 les recensés, dans la tribu de Benjamin, se montèrent à trente-cinq mille quatre cents.

38 Pour les descendants de Dan, classés par origine, familles, maisons paternelles : suivant le compte nominal de tous les hommes âgés de vingt ans et plus, aptes au service,

39 les recensés, dans la tribu de Dan, se montèrent à soixante-deux mille sept cents.

40 Pour les descendants d'Asher, classés par origine, familles, maisons paternelles : suivant le compte nominal de tous les hommes âgés de vingt ans et plus, aptes au service,

41 les recensés, dans la tribu d'Asher, se montèrent à quarante et un mille cinq cents.

42 Les descendants de Nephtali étant classés selon leur origine, leurs familles, leurs maisons paternelles : d'après le compte nominal de tous les hommes âgés de vingt ans et plus, aptes au service,

43 les recensés, dans la tribu de Nephtali, se montèrent à cinquante-trois mille quatre cents.

44 Tel fut le dénombrement opéré par Moïse et Aaron conjointement avec les phylarques d'Israël, lesquels étaient douze, un homme par famille paternelle.

45 Le total des Israélites recensés selon leurs maisons pater-

nelles, de tous ceux qui, âgés de vingt ans et au-delà, étaient propres au service en Israël,

46 le total de ces recensés fut de six cent trois mille cinq cent cinquante.

47 Quant aux Lévites, eu égard à leur tribu paternelle, ils ne figurèrent point dans ce dénombrement.

48 Et l'Éternel parla ainsi à Moïse :

49 "Pour ce qui est de la tribu de Lévi, tu ne la recenseras ni n'en feras le relevé en la comptant avec les autres enfants d'Israël.

50 Mais tu préposeras les Lévites au tabernacle du statut, à tout son attirail et à tout ce qui le concerne : ce sont eux qui porteront le tabernacle et tout son attirail, eux qui en feront le service, et qui doivent camper à l'entour.

51 Quand le tabernacle devra partir, ce sont les Lévites qui le démonteront, et quand il devra s'arrêter, ce sont eux qui le dresseront ; le profane qui en approcherait serait frappé de mort.

52 Les enfants d'Israël se fixeront chacun dans son camp et chacun sous sa bannière, selon leurs légions ;

53 et les Lévites camperont autour du tabernacle du statut, afin que la colère divine ne sévisse point sur la communauté des enfants d'Israël ; et les Lévites auront sous leur garde le tabernacle du statut."

54 Les Israélites obéirent : tout ce que l'Éternel avait ordonné à Moïse, ils s'y conformèrent.

CHAPITRE DEUX

L'Éternel parla à Moïse et à Aaron en ces termes :

2 "Rangés chacun sous une bannière distincte, d'après leurs tribus paternelles, ainsi camperont les enfants d'Israël ; c'est en face et autour de la tente d'assignation qu'ils seront campés.

3 Ceux qui campent en avant, à l'orient, seront sous la bannière du camp de Juda, selon leurs légions, le phylarque des enfants de Juda étant Nahchôn, fils d'Amminadab,

4 et sa légion, d'après son recensement, comptant soixante-quatorze mille six cents hommes.

5 Près de lui campera la tribu d'Issachar, le phylarque des enfants d'Issachar étant Nethanel, fils de Çouar,

6 et sa légion, d'après son recensement, comptant cinquante-quatre mille quatre cents hommes.

7 Puis la tribu de Zabulon, le phylarque des enfants de Zabulon étant Elïab, fils de Hêlôn,

8 et sa légion, d'après son recensement, comptant cinquante-sept mille quatre cents hommes.

9 Total des recensés formant le camp de Juda : cent quatre-vingt-six mille quatre cents, répartis selon leurs légions. Ceux-là ouvriront la marche.

10 La bannière du camp de Ruben occupera le midi, avec ses légions, le phylarque des enfants de Ruben étant Eliçour, fils de Chedéour,

11 et sa légion, d'après son recensement, comptant quarante-six mille cinq cents hommes.

12 Près de lui campera la tribu de Siméon, le phylarque des enfants de Siméon étant Cheloumïel, fils de Çourichaddaï,

13 et sa légion, d'après son recensement, comptant cinquante-neuf mille trois cents hommes.

14 Puis la tribu de Gad, le phylarque des enfants de Gad étant Elyaçaf, fils de Reouêl,

15 et sa légion, d'après son recensement, comptant quarante-cinq mille six cent cinquante hommes.

16 Total des recensés formant le camp de Ruben : cent cinquante et un mille quatre cent cinquante, répartis selon leurs légions. Ils marcheront en seconde ligne.

17 Alors s'avancera la tente d'assignation, le camp des Lévites, au centre des camps. Comme on procédera pour le campement, ainsi pour la marche : chacun à son poste, suivant sa bannière.

18 La bannière du camp d'Ephraïm, avec ses légions, occupera le couchant, le phylarque des enfants d'Ephraïm étant Elichama, fils d'Ammihoud,

19 et sa légion, d'après son recensement, comptant quarante mille cinq cents hommes.

20 Près de lui, la tribu de Manassé, le phylarque des enfants de Manassé étant Gamliel, fils de Pedahçour,

21 et sa légion, d'après son recensement, comptant trente-deux mille deux cents hommes.

22 Puis la tribu de Benjamin, le phylarque des enfants de Benjamin étant Abidân, fils de Ghidoni,

23 et sa légion, d'après son recensement, comptant trente-cinq mille quatre cents hommes.

24 Total des recensés formant le camp d'Ephraïm : cent huit mille cent, répartis selon leurs légions. Ils marcheront en troisième ligne.

25 La bannière du camp de Dan occupera le nord, avec ses légions, le phylarque des enfants de Dan étant Ahïézer, fils d'Ammichaddaï,

26 et sa légion, d'après son recensement, comptant soixante-deux mille sept cents hommes.

27 Près de lui campera la tribu d'Asher, le phylarque des enfants d'Asher étant Paghïel, fils d'Okrân,

28 et sa légion, d'après son recensement, comptant quarante et un mille cinq cents hommes.

29 Puis la tribu de Nephtali, le phylarque des enfants de Nephtali étant Ahira, fils d'Enân,

30 et sa légion, d'après son recensement, comptant cinquante-trois mille quatre cents hommes.

31 Total des recensés pour le camp de Dan : cent cinquante-sept mille six cents hommes, qui marcheront en dernier, après les autres bannières."

32 Tel fut le classement des enfants d'Israël, selon leurs familles paternelles ; répartis dans les camps par légions, leur total fut de six cent trois mille cinq cent cinquante.

33 Pour les Lévites, ils ne furent point incorporés parmi les enfants d'Israël, ainsi que l'Éternel l'avait prescrit à Moïse.

34 Les enfants d'Israël exécutèrent tout ce que l'Éternel avait ordonné à Moïse : ils campaient ainsi par bannières et ils marchaient dans cet ordre, chacun selon sa famille, près de sa maison paternelle.

CHAPITRE TROIS

Suivent les générations d'Aaron et de Moïse, à l'époque où l'Éternel parlait à Moïse sur le mont Sinaï.
2 Voici les noms des fils d'Aaron : l'aîné, Nadab ; puis Abihou, Eléazar et Ithamar.

3 Ce sont là les noms des fils d'Aaron, oints en qualité de pontifes, auxquels on conféra le sacerdoce.

4 Or, Nadab et Abihou moururent devant le Seigneur, pour avoir apporté devant lui un feu profane, dans le désert de Sinaï ; ils n'avaient point eu d'enfants. Mais Eléazar et Ithamar fonctionnèrent sous les yeux d'Aaron, leur père.

5 L'Éternel parla à Moïse en ces termes :

6 "Fais approcher la tribu de Lévi et mets-la en présence d'Aaron le pontife, pour qu'ils l'assistent.

7 Ils rempliront sa tâche et celle de toute la communauté, devant la tente d'assignation, en faisant le service du tabernacle.

8 Ils auront la garde de tous les ustensiles de la tente d'assi-

gnation, et feront l'office des enfants d'Israël, en s'occupant du service du tabernacle.

9 Tu adjoindras donc les Lévites à Aaron et à ses fils : ils lui seront donnés comme adjoints, entre les enfants d'Israël.

10 Pour Aaron et ses fils, recommande-leur de veiller sur leur ministère ; le profane qui y prendrait part serait frappé de mort."

11 L'Éternel parla à Moïse en ces termes :

12 "Moi-même, en effet, j'ai pris les Lévites entre les enfants d'Israël, en échange de tous les premiers-nés, prémices de la maternité, des enfants d'Israël ; les Lévites sont donc à moi.

13 Car tout premier-né m'appartient : le jour où j'ai frappé tous les premiers-nés du pays d'Égypte, j'ai consacré à moi tout premier-né en Israël, depuis l'homme jusqu'au bétail, ils m'appartiennent, à moi l'Éternel."

14 L'Éternel parla à Moïse, dans le désert de Sinaï, en ces termes :

15 "Fais le dénombrement des enfants de Lévi, selon leur descendance paternelle, par familles ; tous les mâles, depuis l'âge d'un mois et au-delà, tu les dénombreras."

16 Moïse les dénombra sur l'ordre de l'Éternel, de la manière qui lui avait été prescrite.

17 Or, les fils de Lévi étaient les suivants, ainsi nommés : Gerson, Kehath et Merari.

18 Voici les noms des fils de Gerson avec leurs familles : Libni et Chimi ;

19 les fils de Kehath avec leurs familles : Amram et Yiçhar, Hébrôn et Ouzziël ;

20 et les fils de Merari avec leurs familles : Mahli et Mouchi. Telles sont les familles des Lévites, selon leur descendance paternelle.

21 Pour Gerson : la famille des Libnites et la famille des Chimites. Telles sont les familles issues de Gerson.

22 Dénombrées par le chiffre total des mâles, de l'âge d'un mois et au-delà, elles se composaient de sept mille cinq cents hommes.

23 Les familles issues de Gerson devaient camper derrière le tabernacle, à l'occident.

24 Le chef de famille, pour les Gersonites, était Elyaçaf, fils de Laël.

25 Et ce qu'avaient à garder les enfants de Gerson dans la tente d'assignation, c'était : le tabernacle et le pavillon, ses couvertures, et le rideau d'entrée de la tente d'assignation ;

26 les toiles du parvis, le rideau d'entrée du parvis, qui s'étend autour du tabernacle et de l'autel, ainsi que les cordages nécessaires à son service.

27 Pour Kehath : la famille des Amramites, la famille des Yiçharites, celle des Hébronites et celle des Ouzziêlites. Telles sont les familles issues de Kehath.

28 Le chiffre total des mâles, depuis l'âge d'un mois et au-delà, fut de huit mille six cents, commis à la garde du sanctuaire.

29 Les familles des enfants de Kehath devaient occuper le flanc méridional du tabernacle.

30 Le chef de famille, pour la descendance de Kehath, était Eliçafân, fils d'Ouzziêl.

31 Et les objets confiés à leur garde : l'arche, la table, le candélabre, les autels, les ustensiles sacrés servant au ministère, et le voile avec tout son appareil.

32 Le chef général des Lévites était Eléazar, fils d'Aaron le pontife, ayant l'inspection de ceux qui étaient chargés de la garde du sanctuaire.

33 Pour Merari : la famille des Mahlites et la famille des Mouchites. Telles sont les familles de Merari.

34 Leur contingent, d'après le relevé de tous les mâles âgés d'un mois et au-delà, fut de six mille deux cents hommes.

35 Le chef de famille, pour la descendance de Merari, était Couriel, fils d'Abihayil. C'est au flanc nord du tabernacle qu'ils devaient camper.

36 Dépôt confié à la garde des Merarites : les solives du tabernacle, ses traverses, ses piliers et ses socles, toutes ses pièces et toute sa dépendance ;

37 les piliers formant le pourtour du parvis, ainsi que leurs socles, leurs chevilles et leurs cordages.

38 Pour ceux qui stationnaient à la face orientale du tabernacle, devant la tente d'assignation, au levant, c'étaient Moïse, Aaron et ses fils, chargés de la garde du sanctuaire, pour le salut des enfants d'Israël : le profane qui en approchait encourait la mort.

39 Le nombre total des Lévites, recensés par Moïse et Aaron, sur l'ordre de l'Éternel, selon leurs familles, le total des mâles de l'âge d'un mois et au-delà, fut de vingt-deux mille.

40 L'Éternel dit à Moïse : "Dénombre tous les premiers-nés mâles des enfants d'Israël, depuis l'âge d'un mois et au-dessus, et fais-en le relevé nominal.

41 Tu m'attribueras les Lévites, à moi l'Éternel, à la place de tous les premiers-nés des enfants d'Israël, et le bétail des Lévites à la place des premiers-nés du bétail des enfants d'Israël."

42 Moïse dénombra, comme l'Éternel le lui avait ordonné, tous les premiers-nés parmi les enfants d'Israël.

43 Or, la somme des premiers-nés mâles, comptés par noms

depuis l'âge d'un mois et au-delà, dans ce recensement, fut de vingt-deux mille deux cent soixante-treize.

44 Et l'Éternel parla ainsi à Moïse :

45 "Prends les Lévites à la place de tous les premiers-nés des enfants d'Israël, et le bétail des Lévites à la place de leur bétail, les Lévites devant m'appartenir, à moi l'Éternel.

46 Pour la rançon des deux cent soixante-treize, excédent des premiers-nés israélites sur le nombre des Lévites,

47 tu prendras cinq sicles par chaque tête ; tu les prendras selon le poids du sanctuaire, à vingt ghéra le sicle,

48 et tu donneras cet argent à Aaron et à ses fils, comme rachat de la portion excédante."

49 Moïse recueillit le montant de la rançon, donnée par ceux qui étaient en plus du nombre racheté par les Lévites.

50 C'est des premiers-nés des enfants d'Israël qu'il reçut cette somme, mille trois cent soixante-cinq sicles, au poids du sanctuaire.

51 Et Moïse remit le montant du rachat à Aaron et à ses fils, sur l'ordre de l'Éternel, ainsi que l'Éternel l'avait prescrit à Moïse.

CHAPITRE QUATRE

L'Éternel parla à Moïse et à Aaron en ces termes :

2 "Qu'on fasse le relevé des enfants de Kehath entre les autres descendants de Lévi, selon leurs familles, par maisons paternelles,

3 depuis l'âge de trente ans et plus, jusqu'à l'âge de cinquante ans : quiconque est admissible au service, à l'exécution d'une tâche dans la tente d'assignation.

4 Voici la tâche des enfants de Kehath, dans la tente d'assignation : elle concerne les choses très saintes.

5 Aaron entrera avec ses fils, lorsque le camp devra partir ; ils détacheront le voile protecteur, et en couvriront l'arche du statut ;

6 ils mettront encore dessus une housse de peau de tahach, étendront par-dessus une étoffe entièrement d'azur, puis ajusteront ses barres.

7 Sur la table de proposition ils étendront une étoffe d'azur, sur laquelle ils placeront les sébiles, les cuillers, les demi-tubes et

les montants qui garnissent la table ; quant au pain perpétuel, il restera dessus.

8 Ils étendront sur ces objets une étoffe d'écarlate, qu'ils couvriront d'une housse de peau de tahach ; puis ils ajusteront ses barres.

9 ils prendront une étoffe d'azur, y envelopperont le candélabre servant à l'éclairage, avec ses lampes, ses mouchettes, ses godets et tous les vaisseaux à huile employés pour son service.

10 Et ils le mettront, avec tous ses ustensiles, dans une enveloppe de peau de tahach, et le poseront sur une civière.

11 Sur l'autel d'or ils étendront une étoffe d'azur, la couvriront d'une housse de peau de tahach, et ajusteront les barres ;

12 ils prendront tous les ustensiles employés pour le service du sanctuaire, les mettront dans une étoffe d'azur, les couvriront d'une housse de peau de tahach, et les poseront sur une civière.

13 Ils enlèveront les cendres de l'autel, sur lequel ils étendront une étoffe de pourpre.

14 Ils mettront là-dessus tous les ustensiles destinés à son service : brasiers, fourches, pelles, bassins, tous les ustensiles de cet autel ; ils déploieront par-dessus une housse de peau de tahach, et ajusteront les barres.

15 Aaron et ses fils achèveront ainsi d'envelopper les choses saintes et tous les ustensiles sacrés, lors du départ du camp ; alors seulement viendront les enfants de Kehath pour les porter, car ils ne doivent pas toucher aux choses saintes, sous peine de mort. C'est là la charge des enfants de Kehath dans la tente d'assignation.

16 Les fonctions d'Eléazar, fils d'Aaron le pontife, comprendront l'huile du luminaire, l'encens aromatique, l'oblation perpétuelle et l'huile d'onction, la surveillance du tabernacle

entier et de tout ce qu'il renferme, du sanctuaire et de son appareil."

17 L'Éternel parla ainsi à Moïse et à Aaron :

18 "N'exposez point la branche des familles issues de Kehath à disparaître du milieu des Lévites ;

19 mais agissez ainsi à leur égard, afin qu'ils vivent au lieu de mourir, lorsqu'ils approcheront des saintetés éminentes : Aaron et ses fils viendront, et les commettront chacun à sa tâche et à ce qu'il doit porter,

20 de peur qu'ils n'entrent pour regarder, fût-ce un instant, les choses saintes, et qu'ils ne meurent."

21 L'Éternel parla à Moïse en ces termes :

22 "Il faut faire aussi le relevé des enfants de Gerson, par maisons paternelles, selon leurs familles.

23 C'est depuis l'âge de trente ans et plus, jusqu'à l'âge de cinquante ans, que tu les recenseras : quiconque est apte à participer au service, à faire une besogne dans la tente d'assignation.

24 Voici ce qui est imposé aux familles nées de Gerson, comme tâche et comme transport :

25 elles porteront les tapis du tabernacle, le pavillon d'assignation, sa couverture et la housse de tahach qui la couvre extérieurement, ainsi que le rideau-portière de la tente d'assignation ;

26 les toiles du parvis, le rideau d'entrée servant de porte à ce parvis, qui s'étend autour du tabernacle et de l'autel, et leurs cordages, et toutes les pièces de leur appareil ; enfin, tout ce qui s'y rattache, elles s'en occuperont.

27 C'est sur l'ordre d'Aaron et de ses fils qu'aura lieu tout le service des descendants de Gerson, pour tout ce qu'ils ont à porter comme à exécuter ; et vous commettrez à leur garde tout ce qu'ils devront transporter.

28 Telle est la tâche des familles descendant de Gerson, dans la tente d'assignation ; et leur surveillance appartient à Ithamar, fils d'Aaron le pontife.

29 Les enfants de Merari, selon leurs familles, par maisons paternelles, tu les recenseras.

30 De l'âge de trente ans et au-dessus, jusqu'à l'âge de cinquante ans, tu les recenseras : tous ceux qui sont admissibles au service, pouvant faire la besogne de la tente d'assignation.

31 Voici ce qu'ils sont tenus de porter, selon le détail de leur emploi dans la tente d'assignation : les solives du tabernacle, ses traverses, ses piliers et ses socles ;

32 les piliers du pourtour du parvis, leurs socles, leurs chevilles et leurs cordages, avec toutes leurs pièces et tout ce qui s'y rattache. Vous leur attribuerez nominativement les objets dont le transport leur est confié.

33 Telle est la tâche des familles descendant de Merari, le détail de leur service dans la tente d'assignation, sous la direction d'Ithamar, fils d'Aaron le pontife."

34 Moïse et Aaron, et les phylarques de la communauté, firent le recensement des Kehathites, par familles et maisons paternelles,

35 depuis l'âge de trente ans et au-delà, jusqu'à l'âge de cinquante ans, de quiconque était admissible au service, à un emploi dans la tente d'assignation.

36 Recensés ainsi par familles, ils étaient deux mille sept cent cinquante.

37 Tel fut le contingent des familles nées de Kehath, employées dans la tente d'assignation, ainsi que Moïse et Aaron les recensèrent d'après l'ordre de l'Éternel, transmis par Moïse.

38 Pour le contingent des enfants de Gerson, dénombrés selon leurs familles et leurs maisons paternelles,

39 depuis l'âge de trente ans et au-delà, jusqu'à l'âge de cinquante ans, tous ceux qui étaient admissibles au service, à un emploi dans la tente d'assignation,

40 comptés par familles, selon leurs maisons paternelles, leur nombre fut de deux mille six cent trente.

41 Tel fut le contingent des familles nées de Gerson, employées dans la tente d'assignation, ainsi que Moïse et Aaron les recensèrent sur l'ordre de l'Éternel.

42 Et le contingent des familles des enfants de Merari, classés par familles, selon leurs maisons paternelles,

43 depuis l'âge de trente ans et au-delà, jusqu'à l'âge de cinquante ans, tous ceux qui étaient admissibles au service, à une tâche dans la tente d'assignation,

44 leur contingent, par familles, fut de trois mille deux cents.

45 Tel fut le contingent des familles des enfants de Merari, que Moïse et Aaron dénombrèrent sur l'ordre de l'Éternel, transmis par Moïse.

46 Total du dénombrement opéré par Moïse, Aaron et les phylarques d'Israël à l'égard des Lévites, selon leurs familles et leurs maisons paternelles,

47 de l'âge de trente ans et au-delà, jusqu'à l'âge de cinquante ans, tous ceux qui étaient admissibles à l'exécution d'un service ou à celle d'un transport dans la tente d'assignation :

48 leur nombre fut de huit mille cinq cent quatre-vingts.

49 D'après l'ordre de l'Éternel, on leur assigna, sous la direction de Moïse, à chacun son service et les objets à transporter ainsi que ses préposés, désignés par l'Éternel à Moïse.

CHAPITRE CINQ

L'Éternel parla à Moïse en ces termes :

2 "Ordonne aux enfants d'Israël de renvoyer du camp tout individu lépreux, ou atteint de flux, ou souillé par un cadavre.

3 Renvoyez-les, hommes ou femmes, reléguez-les hors du camp, afin qu'ils ne souillent point ces enceintes au milieu desquelles je réside."

4 Ainsi firent les enfants d'Israël : ils les renvoyèrent hors du camp. Comme l'Éternel avait parlé à Moïse, ainsi agirent les enfants d'Israël.

5 L'Éternel parla à Moïse en ces termes :

6 "Parle ainsi aux enfants d'Israël : Si un homme ou une femme a causé quelque préjudice à une personne et, par là, commis une faute grave envers le Seigneur, mais qu'ensuite cet individu se sente coupable,

7 il confessera le préjudice commis, puis il restituera intégra-

lement l'objet du délit, augmenté du cinquième, et qui doit être remis à la personne lésée.

8 Si cette personne n'a pas de proche parent à qui l'on puisse restituer l'objet du délit, cet objet, appartenant à l'Éternel, sera remis au pontife ; indépendamment du bélier expiatoire, par lequel on lui obtiendra grâce.

9 Toute chose prélevée ou tout objet consacré offert par les enfants d'Israël au pontife, lui appartiendra.

10 Possesseur d'une chose sainte, on peut en disposer ; dès qu'on l'a donnée au pontife, elle est à lui."

11 L'Éternel parla à Moïse en ces termes :

12 "Parle aux enfants d'Israël et dis-leur : Si la femme de quelqu'un, déviant de ses devoirs, lui devient infidèle ;

13 si un homme a eu avec elle un commerce charnel à l'insu de son époux, et qu'elle ait été clandestinement déshonorée, nul cependant ne déposant contre elle, parce qu'elle n'a pas été surprise,

14 mais qu'un esprit de jalousie se soit emparé de lui et qu'il soupçonne sa femme, effectivement déshonorée ; ou qu'un esprit de jalousie se soit emparé de lui et qu'il soupçonne sa femme, bien qu'elle n'ait point subi le déshonneur,

15 cet homme conduira sa femme devant le pontife, et présentera pour offrande, à cause d'elle, un dixième d'épha de farine d'orge ; il n'y versera point d'huile et n'y mettra point d'encens, car c'est une oblation de jalousie, une oblation de ressouvenir, laquelle remémore l'offense.

16 Et le pontife la fera approcher, et il la placera en présence du Seigneur.

17 Le pontife puisera de l'eau sainte dans un vase d'argile,

prendra de la poussière se trouvant sur le sol du tabernacle et la mettra dans cette eau.

18 Plaçant alors la femme en présence du Seigneur, le pontife lui découvrira la tête et lui posera sur les mains l'oblation de ressouvenir, qui est l'oblation de jalousie, tandis qu'il tiendra dans sa propre main les eaux amères de la malédiction.

19 Puis le pontife adjurera cette femme. Il lui dira : "Si un homme n'a pas eu commerce avec toi, si tu n'as pas dévié, en te souillant, de tes devoirs envers ton époux, sois épargnée par ces eaux amères de la malédiction.

20 Mais s'il est vrai que tu aies trahi ton époux et te sois laissée déshonorer ; si un homme a eu commerce avec toi, autre que ton époux…"

21 Alors le pontife adjurera la femme par le serment d'imprécation, et il dira à la femme : "Que l'Éternel fasse de toi un sujet d'imprécation et de serment au milieu de ton peuple, en faisant lui l'Éternel dépérir ton flanc et gonfler ton ventre ;

22 et que ces eaux de malédiction s'introduisent dans tes entrailles, pour faire gonfler le ventre et dépérir le flanc !" Et la femme répondra : "Amen ! Amen !"

23 Le pontife écrira ces malédictions sur un bulletin, et les effacera dans les eaux amères ;

24 et il fera boire à la femme les eaux amères de la malédiction, afin que ces eaux de malédiction portent dans son sein l'amertume.

25 Puis le pontife prendra des mains de la femme l'oblation de jalousie ; il balancera cette oblation devant le Seigneur, et l'approchera de l'autel.

26 Le pontife prendra une poignée de cette oblation comme

mémorial qu'il fera fumer sur l'autel. C'est alors qu'il fera boire à cette femme le breuvage.

27 Lorsqu'il le lui aura fait boire, il arrivera que, si elle s'est souillée et a trahi son époux, ce breuvage de malédiction portera dans son sein l'amertume : il fera gonfler son ventre, dépérir son flanc ; et cette femme deviendra un sujet d'imprécation parmi son peuple.

28 Mais si cette femme ne s'est pas souillée, si elle est pure, elle restera intacte et aura même une postérité.

29 Telle est la règle concernant la jalousie, au cas qu'une femme ait dévié de ses devoirs envers son mari et se soit déshonorée,

30 ou si un homme, assailli d'un esprit de jalousie, avait soupçonné sa femme : il la placera en présence du Seigneur, et le pontife lui appliquera cette règle en tout point.

31 Cet homme sera net de toute faute, et cette femme expiera la sienne."

CHAPITRE SIX

L'Éternel parla ainsi à Moïse :
2 "Parle aux enfants d'Israël et dis-leur : Si un homme ou une femme fait expressément vœu d'être abstème, voulant s'abstenir en l'honneur de l'Éternel,

3 il s'abstiendra de vin et de boisson enivrante, ne boira ni vinaigre de vin, ni vinaigre de liqueur, ni une infusion quelconque de raisins, et ne mangera point de raisins frais ni secs.

4 Tout le temps de son abstinence, il ne mangera d'aucun produit de la vigne, depuis les pépins jusqu'à l'enveloppe.

5 Tout le temps stipulé pour son abstinence, le rasoir ne doit pas effleurer sa tête : jusqu'au terme des jours où il veut s'abstenir pour l'Éternel, il doit rester sain, laisser croître librement la chevelure de sa tête.

6 Tout le temps de cette abstinence en l'honneur de l'Éternel, il ne doit pas approcher d'un corps mort ;

7 pour son père et sa mère, pour son frère et sa sœur, pour

ceux-là même il ne se souillera point à leur mort, car l'auréole de son Dieu est sur sa tête.

8 Tant qu'il portera cette auréole, il est consacré au Seigneur.

9 Si quelqu'un vient à mourir près de lui inopinément, ce sera une souillure pour sa tête consacrée : il rasera sa tête le jour de sa purification, le septième jour il la rasera.

10 Puis, le huitième jour, il apportera deux tourterelles ou deux jeunes colombes au pontife, à l'entrée de la tente d'assignation.

11 Le pontife offrira l'une comme expiatoire, l'autre comme holocauste, et fera expiation pour lui du péché qu'il a commis par ce cadavre ; et il consacrera de nouveau sa chevelure en ce jour.

12 Il vouera au Seigneur la même période d'abstinence et il offrira un agneau âgé d'un an comme délictif ; pour les jours antérieurs, ils seront nuls, parce que son abstinence a été violée.

13 Or, voici la règle de l'abstème : quand seront accomplis les jours de son abstinence, on le fera venir à l'entrée de la tente d'assignation,

14 et il présentera son offrande à l'Éternel : un agneau d'un an, sans défaut, pour holocauste ; une brebis d'un an, sans défaut, pour expiatoire, et un bélier, sans défaut, pour rémunératoire.

15 Plus une corbeille d'azymes, savoir des gâteaux de fleur de farine pétris à l'huile, et des galettes azymes ointes d'huile, outre leurs oblations et leurs libations.

16 Le pontife en fera hommage à l'Éternel : il offrira son expiatoire et son holocauste,

17 traitera le bélier comme sacrifice rémunératoire à l'Éternel, accompagné de la corbeille d'azymes, et il y joindra son oblation et sa libation.

18 Alors l'abstème rasera, à l'entrée de la tente d'assignation, sa tête consacrée ; et il prendra cette chevelure consacrée, et la jettera sur le feu qui est sous la victime de rémunération.

19 Et le pontife prendra l'épaule du bélier, quand elle sera cuite, puis un gâteau azyme dans la corbeille et une galette azyme ; il les posera sur les mains de l'abstème, après qu'il se sera dépouillé de ses cheveux consacrés,

20 et le pontife en opérera le balancement devant le Seigneur : c'est une chose sainte qui appartient au pontife, indépendamment de la poitrine balancée et de la cuisse prélevée. Alors l'abstème pourra boire du vin.

21 Telle est la règle de l'abstème qui aura fait un vœu ; telle sera son offrande à l'Éternel au sujet de son abstinence, sans préjudice de ce que permettront ses moyens : selon le vœu qu'il aura prononcé, ainsi fera-t-il, en sus de la règle relative à son abstinence."

22 L'Éternel parla à Moïse en ces termes :

23 "Parle ainsi à Aaron et à ses fils : Voici comment vous bénirez les enfants d'Israël ; vous leur direz :

24 "Que l'Éternel te bénisse et te protège !

25 Que l'Éternel fasse rayonner sa face sur toi et te soit bienveillant !

26 Que l'Éternel dirige son regard vers toi et t'accorde la paix !"

27 Ils imposeront ainsi mon nom sur les enfants d'Israël, et moi je les bénirai."

CHAPITRE SEPT

Or, le jour où Moïse eut achevé de dresser le tabernacle, de l'oindre et de le consacrer avec toutes ses pièces, ainsi que l'autel et tous ses ustensiles ; lorsqu'il les eut ainsi oints et consacrés,

2 les phylarques d'Israël, chefs de leurs familles paternelles, firent des offrandes ; ce furent les chefs des tribus, les mêmes qui avaient présidé aux dénombrements.

3 Ils présentèrent pour offrande, devant l'Éternel, six voitures-litières et douze bêtes à cornes, une voiture par deux phylarques, un taureau par phylarque, et ils les amenèrent devant le tabernacle.

4 Et l'Éternel dit à Moïse ce qui suit :

5 "Reçois ces présents de leur part, ils seront employés au service de la tente d'assignation : tu les remettras aux Lévites, à chacun selon sa tâche."

6 Moïse reçut les voitures et les bêtes à cornes, et les remit aux Lévites.

7 Il donna deux voitures et quatre taureaux aux enfants de Gerson, eu égard à leur tâche ;

8 et les quatre autres voitures et les huit autres taureaux, il les donna aux enfants de Merari, eu égard à leur tâche, dirigée par Ithamar, fils d'Aaron le pontife.

9 Quant aux enfants de Kehath, il ne leur en donna point : chargés du service des objets sacrés, ils devaient les porter sur l'épaule.

10 Les phylarques firent des offrandes inaugurales pour l'autel, le jour où il avait été oint, et ils amenèrent leurs offrandes devant l'autel.

11 Mais l'Éternel dit à Moïse : "Qu'un jour un phylarque, un jour un autre phylarque présentent leur offrande pour l'inauguration de l'autel."

12 Celui qui présenta le premier jour son offrande, fut Nahchôn, fils d'Amminadab, de la tribu de Juda.

13 Son offrande était : une écuelle d'argent, du poids de cent trente sicles ; un bassin d'argent de soixante-dix sicles, au poids du sanctuaire, tous deux remplis de fleur de farine pétrie à l'huile, pour une oblation ;

14 une coupe de dix sicles, en or, pleine de parfum ;

15 un jeune taureau, un bélier, un agneau d'un an, pour holocauste ;

16 un jeune bouc, pour expiatoire ;

17 puis, pour le sacrifice de rémunération, deux taureaux, cinq béliers, cinq boucs, cinq agneaux d'un an. Telle fut l'offrande de Nahchôn, fils d'Amminadab.

18 Le second jour, l'offrant fut Nethanel, fils de Çouar, phylarque d'Issachar,

19 lequel présenta pour offrande : une écuelle d'argent, du

poids de cent trente sicles ; un bassin d'argent de soixante-dix sicles, au poids du sanctuaire, tous deux remplis de fleur de farine pétrie à l'huile, pour une oblation ;

20 une coupe de dix sicles, en or, pleine de parfum ;

21 un jeune taureau, un bélier, un agneau d'un an, pour holocauste ;

22 un jeune bouc, pour expiatoire ;

23 et, pour le sacrifice de rémunération, deux taureaux, cinq béliers, cinq boucs, cinq agneaux d'un an. Telle fut l'offrande de Nethanel, fils de Çouar.

24 Le troisième jour, ce fut le phylarque des enfants de Zabulon, Elïab, fils de Hêlôn.

25 Son offrande : une écuelle d'argent, du poids de cent trente sicles ; un bassin d'argent de soixante-dix sicles, au poids du sanctuaire, tous deux remplis de fleur de farine pétrie à l'huile, pour une oblation ;

26 une coupe de dix sicles, en or, pleine de parfum ;

27 un jeune taureau, un bélier, un agneau d'un an, pour holocauste ;

28 un jeune bouc, pour expiatoire ;

29 et, pour le sacrifice de rémunération, deux taureaux, cinq béliers, cinq boucs, cinq agneaux d'un an. Telle fut l'offrande d'Elïab, fils de Hêlôn.

30 Au quatrième jour, le phylarque des enfants de Ruben, Eliçour, fils de Chedéour.

31 Son offrande : une écuelle d'argent, du poids de cent trente sicles ; un bassin d'argent de soixante-dix sicles, au poids du sanctuaire, tous deux remplis de fleur de farine pétrie à l'huile, pour une oblation ;

32 une coupe de dix sicles, en or, pleine de parfum ;

33 un jeune taureau, un bélier, un agneau d'un an, pour holocauste ;

34 un jeune bouc, pour expiatoire ;

35 et, pour le sacrifice de rémunération, deux taureaux, cinq béliers, cinq boucs, cinq agneaux d'un an. Telle fut l'offrande d'Eliçour, fils de Chedéour.

36 Au cinquième jour, le phylarque des enfants de Siméon, Cheloumïel, fils de Çourichaddaï.

37 Son offrande : une écuelle d'argent, du poids de cent trente sicles ; un bassin d'argent de soixante-dix sicles, au poids du sanctuaire, tous deux remplis de fleur de farine pétrie à l'huile, pour une oblation ;

38 une coupe de dix sicles, en or, pleine de parfum ;

39 un jeune taureau, un bélier, un agneau d'un an, pour holocauste ;

40 un jeune bouc, pour expiatoire ;

41 et, pour le sacrifice de rémunération, deux taureaux, cinq béliers, cinq boucs, cinq agneaux d'un an. Telle fut l'offrande de Cheloumïel, fils de Çourichaddaï.

42 Au sixième jour, le phylarque des enfants de Gad, Elyaçaf, fils de Deouêl.

43 Son offrande : une écuelle d'argent, du poids de cent trente sicles ; un bassin d'argent de soixante-dix sicles, au poids du sanctuaire, tous deux remplis de fleur de farine pétrie à l'huile, pour une oblation ;

44 une coupe de dix sicles, en or, pleine de parfum ;

45 un jeune taureau, un bélier, un agneau d'un an, pour holocauste ;

46 un jeune bouc, pour expiatoire ;

47 et, pour le sacrifice de rémunération, deux taureaux, cinq

béliers, cinq boucs, cinq agneaux d'un an. Telle fut l'offrande d'Elyaçaf, fils de Deouêl.

48 Au septième jour, le phylarque des enfants d'Ephraïm, Elichama, fils d'Ammihoud.

49 Son offrande : une écuelle d'argent, du poids de cent trente sicles ; un bassin d'argent de soixante-dix sicles, au poids du sanctuaire, tous deux remplis de fleur de farine pétrie à l'huile, pour une oblation ;

50 une coupe de dix sicles, en or, pleine de parfum ;

51 un jeune taureau, un bélier, un agneau d'un an, pour holocauste ;

52 un jeune bouc, pour expiatoire ;

53 et, pour le sacrifice de rémunération, deux taureaux, cinq béliers, cinq boucs, cinq agneaux d'un an. Telle fut l'offrande d'Elichama, fils d'Ammihoud.

54 Au huitième jour, le phylarque des enfants de Manassé, Gamliel, fils de Pedahçour.

55 Son offrande : une écuelle d'argent, du poids de cent trente sicles ; un bassin d'argent de soixante-dix sicles, au poids du sanctuaire, tous deux remplis de fleur de farine pétrie à l'huile, pour une oblation ;

56 une coupe de dix sicles, en or, pleine de parfum ;

57 un jeune taureau, un bélier, un agneau d'un an, pour holocauste ;

58 un jeune bouc, pour expiatoire ;

59 et, pour le sacrifice de rémunération, deux taureaux, cinq béliers, cinq boucs, cinq agneaux d'un an. Telle fut l'offrande de Gamliel, fils de Pedahçour.

60 Au neuvième jour, le phylarque des enfants de Benjamin, Abidân, fils de Ghidoni.

61 Son offrande : une écuelle d'argent, du poids de cent trente sicles ; un bassin d'argent de soixante-dix sicles, au poids du sanctuaire, tous deux remplis de fleur de farine pétrie à l'huile, pour une oblation ;

62 une coupe de dix sicles, en or, pleine de parfum ;

63 un jeune taureau, un bélier, un agneau d'un an, pour holocauste ;

64 un jeune bouc, pour expiatoire ;

65 et, pour le sacrifice de rémunération, deux taureaux, cinq béliers, cinq boucs, cinq agneaux d'un an. Telle fut l'offrande d'Abidân, fils de Ghidoni.

66 Au dixième jour, le phylarque des enfants de Dan, Ahïézer, fils d'Ammichaddaï.

67 Son offrande : une écuelle d'argent, du poids de cent trente sicles ; un bassin d'argent de soixante-dix sicles, au poids du sanctuaire, tous deux remplis de fleur de farine pétrie à l'huile, pour une oblation ;

68 une coupe de dix sicles, en or, pleine de parfum ;

69 un jeune taureau, un bélier, un agneau d'un an, pour holocauste ;

70 un jeune bouc, pour expiatoire ;

71 et, pour le sacrifice de rémunération, deux taureaux, cinq béliers, cinq boucs, cinq agneaux d'un an. Telle fut l'offrande d'Ahïézer, fils d'Ammichaddaï.

72 Au onzième jour, le phylarque des enfants d'Aser, Paghiel, fils d'Okran.

73 Son offrande : une écuelle d'argent, du poids de cent trente sicles ; un bassin d'argent de soixante-dix sicles, au poids du sanctuaire, tous deux remplis de fleur de farine pétrie à l'huile, pour une oblation ;

74 une coupe de dix sicles, en or, pleine de parfum ;

75 un jeune taureau, un bélier, un agneau d'un an, pour holocauste ;

76 un jeune bouc pour expiatoire ;

77 et, pour le sacrifice de rémunération, deux taureaux, cinq béliers, cinq boucs, cinq agneaux d'un an. Telle fut l'offrande de Paghïel, fils d'Okran.

78 Au douzième jour, le phylarque des enfants de Nephtali, Ahlra, fils d'Enân.

79 Son offrande : une écuelle d'argent, du poids de cent trente sicles ; un bassin d'argent de soixante-dix sicles, au poids du sanctuaire, tous deux remplis de fleur de farine pétrie à l'huile, pour une oblation ;

80 une coupe de dix sicles, en or, pleine de parfum ;

81 un jeune taureau, un bélier, un agneau d'un an, pour holocauste ;

82 un jeune bouc, pour expiatoire ;

83 et, pour le sacrifice de rémunération, deux taureaux, cinq béliers, cinq boucs, cinq agneaux d'un an. Telle fut l'offrande d'Ahira, fils d'Enân.

84 Ce fut là le présent dédicatoire de l'autel, offert, lors de son onction, par les phylarques d'Israël : douze écuelles d'argent, douze bassins d'argent, douze coupes d'or.

85 Chaque écuelle d'argent, cent trente sicles, et chaque bassin, soixante-dix : poids total de l'argent des vases, deux mille quatre cents sicles, au poids du sanctuaire.

86 Douze coupes d'or, pleines de parfum, chaque coupe dix sicles, au poids du sanctuaire : total de l'or des coupes, cent vingt sicles.

87 Somme du gros bétail pour holocauste : douze taureaux ;

de plus, douze béliers, douze agneaux d'un an, outre leur oblation, et douze jeunes boucs pour expiatoire.

88 Somme du gros bétail pour le sacrifice rémunératoire : vingt-quatre taureaux ; de plus, soixante béliers, soixante boucs, soixante agneaux âgés d'un an. Ainsi fut inauguré l'autel, après avoir été oint.

89 Or, quand Moïse entrait dans la tente d'assignation pour que Dieu lui parlât, il entendait la voix s'adresser à lui de dessus le propitiatoire qui couvrait l'arche du statut, entre les deux chérubins, et c'est à elle qu'il parlait.

CHAPITRE HUIT

L'Éternel parla à Moïse en ces termes :

2 "Parle à Aaron et dis-lui : Quand tu disposeras les lampes, c'est vis-à-vis de la face du candélabre que les sept lampes doivent projeter la lumière."

3 Ainsi fit Aaron : c'est vis-à-vis de la face du candélabre qu'il en disposa les lampes, comme l'Éternel l'avait ordonné à Moïse.

4 Quant à la confection du candélabre, il était tout d'une pièce, en or ; jusqu'à sa base, jusqu'à ses fleurs, c'était une seule pièce. D'après la forme que l'Éternel avait indiquée à Moïse, ainsi avait-on fabriqué le candélabre.

5 L'Éternel parla à Moïse en ces termes :

6 "Prends les Lévites du milieu des enfants d'Israël, et purifie-les.

7 Voici ce que tu leur feras pour les purifier : tu les aspergeras d'eau expiatoire. Ils passeront le rasoir sur tout leur corps, laveront leurs vêtements et se purifieront.

8 Puis ils prendront un jeune taureau, avec son oblation : de la fleur de farine pétrie à l'huile ; et un autre jeune taureau, que tu recevras comme expiatoire.

9 Tu feras avancer les Lévites devant la tente d'assignation, et tu assembleras toute la communauté des enfants d'Israël.

10 Tu feras avancer les Lévites en présence du Seigneur, et les enfants d'Israël imposeront leurs mains sur les Lévites.

11 Et Aaron fera le balancement des Lévites devant le Seigneur, de la part des enfants d'Israël, pour qu'ils soient consacrés au service du Seigneur.

12 Et les Lévites appuieront leurs mains sur la tête des taureaux ; fais alors offrir l'un comme expiatoire et l'autre comme holocauste au Seigneur, pour faire propitiation sur les Lévites.

13 Puis tu placeras les Lévites en présence d'Aaron et de ses fils, et tu opéreras leur balancement à l'intention du Seigneur.

14 Tu distingueras ainsi les Lévites entre les enfants d'Israël, de sorte que les Lévites soient à moi.

15 Alors seulement les Lévites seront admis à desservir la tente d'assignation, quand tu les auras purifiés et que tu auras procédé à leur balancement.

16 Car ils me sont réservés, à moi, entre les enfants d'Israël : en échange de tout premier fruit des entrailles, de tout premier-né parmi les enfants d'Israël, je me les suis attribués.

17 Car tout premier-né m'appartient chez les enfants d'Israël, homme ou bête ; le jour où je frappai tous les premiers-nés dans le pays d'Égypte, je me les consacrai.

18 Or, j'ai pris les Lévites en échange de tous les premiers-nés des enfants d'Israël ;

19 et je les ai donnés, comme adjoints, à Aaron et à ses fils,

entre les enfants d'Israël, pour faire l'office des enfants d'Israël dans la tente d'assignation, et pour servir de rançon aux enfants d'Israël : de peur qu'il n'y ait une catastrophe parmi les enfants d'Israël, si ceux-ci s'approchent des choses saintes."

20 Ainsi firent Moïse et Aaron et toute la communauté des Israélites à l'égard des Lévites ; selon tout ce que l'Éternel avait prescrit à Moïse touchant les Lévites, ainsi leur firent les enfants d'Israël.

21 Les Lévites se purifièrent, ils lavèrent leurs vêtements ; Aaron effectua leur balancement devant l'Éternel, et il fit propitiation sur eux pour les rendre purs.

22 C'est alors que les Lévites entrèrent en fonction dans la tente d'assignation, en présence d'Aaron et de ses fils. D'après ce que l'Éternel avait prescrit à Moïse au sujet des Lévites, ainsi procéda-t-on à leur égard.

23 L'Éternel parla à Moïse en ces termes :

24 "Ceci concerne encore les Lévites : celui qui sera âgé de vingt-cinq ans et au-delà sera admis à participer au service requis par la tente d'assignation ;

25 mais, passé l'âge de cinquante ans, il se retirera du service actif et ne travaillera plus.

26 Il aidera ses frères dans la tente d'assignation en veillant à sa garde, mais il n'exécutera point de corvée. C'est ainsi que tu en useras pour les Lévites, selon leurs fonctions."

CHAPITRE NEUF

L'Éternel parla à Moïse dans le désert de Sinaï, la seconde année de leur sortie du pays d'Égypte, le premier mois, en disant :

2 "Que les enfants d'Israël fassent la Pâque au temps fixé.

3 C'est le quatorzième jour de ce mois, vers le soir, temps fixé pour elle, que vous devez la faire ; d'après tous ses statuts et toutes ses règles vous l'exécuterez."

4 Moïse parla aux enfants d'Israël, pour qu'ils fissent la Pâque.

5 Et ils firent la Pâque au premier mois, le quatorzième jour du mois, vers le soir, dans le désert de Sinaï ; exactement comme l'Éternel l'avait prescrit à Moïse, ainsi firent les enfants d'Israël.

6 Or, il y eut des hommes qui se trouvaient souillés par des cadavres humains, et qui ne purent faire la Pâque ce jour-là. Ils se présentèrent devant Moïse et devant Aaron, ce même jour,

7 et ces hommes lui dirent : "Nous sommes souillés par des cadavres humains ; mais pourquoi serions-nous privés d'offrir le

sacrifice du Seigneur en son temps, seuls entre les enfants d'Israël ?"

8 Moïse leur répondit : "Attendez que j'apprenne ce que l'Éternel statuera à votre égard."

9 Et l'Éternel parla à Moïse en ces termes :

10 "Parle ainsi aux enfants d'Israël : Si quelqu'un se trouve souillé par un cadavre, ou sur une route éloignée, parmi vous ou vos descendants, et qu'il veuille faire la Pâque en l'honneur de l'Éternel,

11 c'est au deuxième mois, le quatorzième jour, vers le soir, qu'ils la feront ; ils la mangeront avec des azymes et des herbes amères,

12 n'en laisseront rien pour le lendemain, et n'en briseront pas un seul os : ils suivront, à son égard, tout le rite de la Pâque.

13 Pour l'homme qui, étant pur et n'ayant pas été en voyage, se serait néanmoins abstenu de faire la Pâque, cette personne sera retranchée de son peuple : puisqu'il n'a pas offert en son temps le sacrifice du Seigneur, cet homme portera sa faute.

14 Et si un étranger habite avec vous et veut faire la Pâque en l'honneur de l'Éternel, il devra se conformer au rite de la Pâque et à son institution : même loi vous régira, tant l'étranger que l'indigène."

15 Or, le jour où l'on eut érigé le tabernacle, la nuée couvrit le tabernacle, la tente du statut ; et le soir il y avait, au-dessus du tabernacle, comme un météore de feu persistant jusqu'au matin.

16 Il en fut ainsi constamment : la nuée le couvrait le jour, et le météore de feu la nuit.

17 Chaque fois que la nuée s'élevait de dessus la tente, aussitôt les enfants d'Israël levaient le camp ; puis, à l'endroit où se fixait la nuée, là s'arrêtaient les enfants d'Israël.

18 C'est sur l'ordre du Seigneur que partaient les enfants d'Israël, sur l'ordre du Seigneur qu'ils s'arrêtaient : tant que la nuée restait fixée sur le tabernacle, ils demeuraient campés.

19 Lors même que la nuée stationnait longtemps au-dessus du tabernacle, les enfants d'Israël, fidèles à l'observance du Seigneur, ne partaient point.

20 Parfois la nuée ne restait qu'un certain nombre de jours sur le tabernacle : ils avaient campé à la voix de l'Éternel, à la voix de l'Éternel ils partaient.

21 Parfois la nuée demeurait du soir jusqu'au matin, et quand elle se retirait le matin on partait ; ou bien un jour et une nuit, et quand elle se retirait, l'on partait.

22 Ou bien deux jours, ou un mois, ou une année entière, selon que la nuée prolongeait sa station sur le tabernacle, les enfants d'Israël restaient campés sans partir ; puis, quand elle se retirait, ils levaient le camp.

23 A la voix de l'Éternel ils faisaient halte, à sa voix ils décampaient, gardant ainsi l'observance de l'Éternel, d'après l'ordre divin transmis par Moïse.

CHAPITRE DIX

L'Éternel parla à Moïse en ces termes :

2 "Fais-toi deux trompettes d'argent, que tu façonneras d'une seule pièce ; elles te serviront à convoquer la communauté et à faire décamper les légions.

3 Quand on en sonnera, toute la communauté devra se réunir auprès de toi à l'entrée de la tente d'assignation.

4 Si l'on ne sonne que d'une seule, ce sont les phylarques qui se rendront auprès de toi, les chefs des groupements d'Israël.

5 Quand vous sonnerez une fanfare, les légions qui campent à l'orient se mettront en marche.

6 Vous sonnerez une seconde fanfare, et les légions campées au midi se mettront en marche : une fanfare sera sonnée pour les départs,

7 tandis que, pour convoquer l'assemblée, vous sonnerez, mais sans fanfare.

8 Ce sont les fils d'Aaron, les pontifes, qui sonneront de ces

trompettes. Elles vous serviront, comme institution perpétuelle, dans vos générations.

9 Quand donc vous marcherez en bataille, dans votre pays, contre l'ennemi qui vous attaque, vous sonnerez des trompettes avec fanfare ; vous vous recommanderez ainsi au souvenir de l'Éternel votre Dieu, et vous recevrez assistance contre vos ennemis.

10 Et au jour de votre allégresse, dans vos solennités et vos néoménies, vous sonnerez des trompettes pour accompagner vos holocaustes et vos sacrifices rémunératoires ; et elles vous serviront de mémorial devant votre Dieu. Je suis l'Éternel votre Dieu."

11 Or il advint, dans la deuxième année, au deuxième mois, le vingtième jour du mois, que la nuée se retira de dessus le tabernacle du statut.

12 Et les enfants d'Israël partirent, selon leur ordre de marche, du désert de Sinaï ; et la nuée s'arrêta dans le désert de Pharan.

13 C'est la première fois qu'ils partaient ainsi d'après l'ordre de l'Éternel, transmis par Moïse.

14 La bannière du camp des enfants de Juda se mit en marche la première, selon leurs légions. Sa légion à lui était commandée par Nahchôn, fils d'Amminadab ;

15 la légion de la tribu des enfants d'Issachar, par Nethanel, fils de Çouar ;

16 et la légion de la tribu des enfants de Zabulon, par Elïab, fils de Hêlôn.

17 Alors on démonta le tabernacle, et les enfants de Gerson et ceux de Merari, ses porteurs, se mirent en marche.

18 Puis se mit en marche la bannière du camp de Ruben,

selon ses légions : sa légion à lui, conduite par Eliçour, fils de Chedéour ;

19 la légion de la tribu des enfants de Siméon, par Cheloumïel, fils de Çourichaddaï ;

20 et la légion de la tribu des enfants de Gad, par Elyaçaf, fils de Deouêl.

21 Alors s'avancèrent les Kehathites, porteurs de l'appareil sacré, de sorte qu'on avait redressé le tabernacle lorsqu'ils arrivèrent.

22 Et la bannière du camp des enfants d'Ephraïm se mit en marche, selon leurs légions : sa légion à lui, conduite par Elichama, fils d'Ammihoud ;

23 la légion de la tribu des enfants de Manassé, par Gamliel, fils de Pedahçour ;

24 et la légion de la tribu des enfants de Benjamin, par Abidân, fils de Ghidoni.

25 Enfin s'avança la bannière du camp des Danites, arrière-garde de tous les camps, selon leurs légions : sa légion à lui, commandée par Ahïézer, fils d'Ammichaddaï ;

26 la légion de la tribu des enfants d'Asher, par Paghïel, fils d'Okrân ;

27 et la légion de la tribu des enfants de Nephtali, par Ahira, fils d'Enân.

28 Tel était l'ordre de marche des enfants d'Israël, selon leurs légions, quand ils levaient le camp.

29 Moïse dit à Hobab, fils de Ragouêl le Madianite, beau-père de Moïse : "Nous partons pour la contrée dont l'Éternel a dit : C'est celle-là que je vous donne. Viens avec nous, nous te rendrons heureux, puisque l'Éternel a promis du bonheur à Israël."

30 Il lui répondit : "Je n'irai point ; c'est au contraire dans mon pays, au lieu de ma naissance, que je veux aller."

31 Moïse reprit : "Ne nous quitte point, de grâce ! Car, en vérité, tu connais les lieux où nous campons dans ce désert, et tu nous serviras de guide.

32 Or, si tu nous accompagnes, ce même bonheur dont l'Éternel nous fera jouir, nous te le ferons partager."

33 Et ils firent, à partir du mont de l'Éternel, trois journées de chemin ; l'arche d'alliance de l'Éternel marcha à leur tête l'espace de trois journées, pour leur choisir une halte,

34 tandis que la nuée divine planait au-dessus d'eux, le jour, à leur départ du camp.

35 Or, lorsque l'arche partait, Moïse disait : "Lève-toi, Éternel ! Afin que tes ennemis soient dissipés et que tes adversaires fuient de devant ta face !"

36 Et lorsqu'elle faisait halte, il disait : "Reviens siéger, Éternel, parmi les myriades des familles d'Israël !"

CHAPITRE ONZE

Le peuple affecta de se plaindre amèrement aux oreilles du Seigneur. Le Seigneur l'entendit et sa colère s'enflamma, le feu de l'Éternel sévit parmi eux, et déjà il dévorait les dernières lignes du camp.

2 Mais le peuple implora Moïse ; Moïse pria le Seigneur, et le feu s'affaissa.

3 On nomma cet endroit Tabérah, parce que le feu de l'Éternel y avait sévi parmi eux.

4 Or, le ramas d'étrangers qui était parmi eux fut pris de convoitise ; et, à leur tour, les enfants d'Israël se remirent à pleurer et dirent : "Qui nous donnera de la viande à manger ?

5 Il nous souvient du poisson que nous mangions pour rien en Égypte, des concombres et des melons, des poireaux, des oignons et de l'ail.

6 Maintenant, nous sommes exténués, nous manquons de tout : point d'autre perspective que la manne !"

7 (Or, la manne était comme de la graine de coriandre, et son aspect comme l'aspect du bdellium.

8 Le peuple se dispersait pour la recueillir, puis on l'écrasait sous la meule ou on la pilait au mortier ; on la mettait cuire au pot, et l'on en faisait des gâteaux. Elle avait alors le goût d'une pâtisserie à l'huile.

9 Lorsque la rosée descendait sur le camp, la nuit, la manne y tombait avec elle).

10 Moïse entendit le peuple gémir, groupé par familles, chacun à l'entrée de sa tente. L'Éternel entra dans une grande colère ; Moïse en fut contristé,

11 et il dit à l'Éternel : "Pourquoi as-tu rendu ton serviteur malheureux ? Pourquoi n'ai-je pas trouvé grâce à tes yeux, et m'as-tu imposé le fardeau de tout ce peuple ?

12 Est-ce donc moi qui ai conçu tout ce peuple, moi qui l'ai enfanté, pour que tu me dises : Porte-le dans ton sein, comme le nourricier porte le nourrisson, jusqu'au pays que tu as promis par serment à ses pères ?

13 Où trouverai-je de la chair pour tout ce peuple, qui m'assaille de ses pleurs en disant : Donne-nous de la chair à manger !

14 Je ne puis, moi seul, porter tout ce peuple : c'est un faix trop pesant pour moi.

15 Si tu me destines un tel sort, ah ! Je te prie, fais-moi plutôt mourir, si j'ai trouvé grâce à tes yeux ! Et que je n'aie plus cette misère en perspective !"

16 L'Éternel répondit à Moïse : "Assemble-moi soixante-dix hommes entre les anciens d'Israël, que tu connaisses pour être des anciens du peuple et ses magistrats ; tu les amèneras devant la tente d'assignation, et là ils se rangeront près de toi.

17 C'est là que je viendrai te parler, et je retirerai une partie de l'esprit qui est sur toi pour la faire reposer sur eux : alors ils porteront avec toi la charge du peuple, et tu ne la porteras plus à toi seul.

18 Quant à ce peuple, tu lui diras : Tenez-vous prêts pour demain, vous mangerez de la chair, puisque vous avez sangloté aux oreilles de l'Éternel en disant : "Qui nous donnera de la viande à manger ? Nous étions plus heureux en Égypte !" L'Éternel vous en donnera à manger, de la viande.

19 Ce n'est pas un jour ni deux que vous en mangerez ; ce n'est pas cinq jours, ni dix jours, ni vingt jours,

20 mais un mois entier, tellement qu'elle vous ressortira de la gorge et vous deviendra en horreur ; parce que vous avez outragé l'Éternel qui est au milieu de vous, et que vous avez pleuré devant lui en disant : Pourquoi sommes-nous sortis de l'Égypte ?"

21 Moïse repartit : "Six cent mille voyageurs composent le peuple dont je fais partie, et tu veux que je leur donne de la viande à manger pour un mois entier !

22 Faudra-t-il leur tuer brebis et bœufs, pour qu'ils en aient assez ? Leur amasser tous les poissons de la mer, pour qu'ils en aient assez ?"

23 Et l'Éternel dit à Moïse : "Est-ce que le bras de l'Éternel est trop court ? Tu verras bientôt si ma parole s'accomplit devant toi ou non."

24 Moïse se retira, et rapporta au peuple les paroles de l'Éternel ; puis il réunit soixante-dix hommes parmi les anciens du peuple et les rangea autour de la tente.

25 L'Éternel descendit dans une nuée et lui parla, et, détour-

nant une partie de l'esprit qui l'animait, la reporta sur ces soixante-dix personnages, sur les anciens. Et aussitôt que l'esprit se fut posé sur eux, ils prophétisèrent, mais ils ne le firent plus depuis.

26 Deux de ces hommes étaient restés dans le camp, l'un nommé Eldad, le second Médad. L'esprit se posa également sur eux, car ils étaient sur la liste, mais ne s'étaient pas rendus à la tente ; et ils prophétisèrent dans le camp.

27 Un jeune homme courut l'annoncer à Moïse, en disant : "Eldad et Médad prophétisent dans le camp."

28 Alors Josué, fils de Noun, serviteur de Moïse depuis sa jeunesse, prit la parole et dit : "Mon maître Moïse, empêche-les !"

29 Moïse lui répondit : "Tu es bien zélé pour moi ! Ah ! Plût au Ciel que tout le peuple de Dieu se composât de prophètes, que l'Éternel fît reposer son esprit sur eux !"

30 Et Moïse rentra dans le camp, ainsi que les anciens d'Israël.

31 Cependant un vent s'éleva de par l'Éternel, qui suscita des cailles du côté de la mer, et les abattit sur le camp dans un rayon d'une journée de part et d'autre, autour du camp, et à la hauteur de deux coudées environ sur le sol.

32 Le peuple s'occupa tout ce jour-là, toute la nuit, et toute la journée du lendemain, à ramasser les cailles ; celui qui en recueillit le moins en eut encore dix omer. Et ils se mirent à les étaler autour du camp.

33 La chair était encore entre leurs dents, elle n'était pas encore consommée, lorsque la colère du Seigneur éclata contre le peuple, et le Seigneur frappa le peuple d'une mortalité très considérable.

34 On donna à ce lieu le nom de Kibroth-Hattaava, parce que c'est là qu'on ensevelit ce peuple pris de convoitise.

35 De Kibroth-Hattaava, le peuple partit pour Hacêroth, et il s'arrêta à Hacêroth.

CHAPITRE DOUZE

Miryam et Aaron médirent de Moïse, à cause de la femme éthiopienne qu'il avait épousée, car il avait épousé une Ethiopienne,

2 et ils dirent : "Est-ce que l'Éternel n'a parlé qu'à Moïse, uniquement ? Ne nous a-t-il pas parlé, à nous aussi ?" L'Éternel les entendit.

3 Or, cet homme, Moïse, était fort humble, plus qu'aucun homme qui fût sur la terre.

4 Soudain l'Éternel dit à Moïse, à Aaron et à Miryam : "Rendez-vous tous trois à la tente d'assignation !" Et ils s'y rendirent tous trois.

5 L'Éternel descendit dans une colonne nébuleuse, s'arrêta à l'entrée de la tente, et appela Aaron et Miryam, qui sortirent tous deux ;

6 et il dit : "Ecoutez bien mes paroles. S'il n'était que votre prophète, moi, Éternel, je me manifesterais à lui par une vision, c'est en songe que je m'entretiendrais avec lui.

7 Mais non : Moïse est mon serviteur ; de toute ma maison c'est le plus dévoué.

8 Je lui parle face à face, dans une claire apparition et sans énigmes ; c'est l'image de Dieu même qu'il contemple. Pourquoi donc n'avez-vous pas craint de parler contre mon serviteur, contre Moïse ?"

9 La colère de l'Éternel éclata ainsi contre eux, et il se retira.

10 La nuée ayant disparu de dessus la tente, Miryam se trouva couverte de lèpre, blanche comme la neige. Aaron se tourna vers Miryam, et la vit lépreuse.

11 Et Aaron dit à Moïse : "Pitié, mon Seigneur ! De grâce, ne nous impute pas à péché notre démence et notre faute !

12 Oh ! Qu'elle ne ressemble pas à un mort-né qui, dès sa sortie du sein de sa mère, a une partie de son corps consumée !"

13 Et Moïse implora l'Éternel en disant : "Seigneur, oh ! Guéris-la, de grâce !"

14 L'Éternel répondit à Moïse : "Si son père lui eût craché au visage, n'en serait-elle pas mortifiée durant sept jours ? Qu'elle soit donc séquestrée sept jours hors du camp, et ensuite elle y sera admise."

15 Miryam fut séquestrée hors du camp pendant sept jours ; et le peuple ne partit que lorsque Miryam eut été réintégrée.

16 Après cela, le peuple partit de Hacêroth, et ils campèrent dans le désert de Pharan.

CHAPITRE TREIZE

L'Éternel parla ainsi à Moïse :
2 "Envoie toi-même des hommes pour explorer le pays de Canaan, que je destine aux enfants d'Israël ; vous enverrez un homme respectivement par tribu paternelle, tous éminents parmi eux."

3 Et Moïse les envoya du désert de Pharan, selon la parole de l'Éternel ; c'étaient tous des personnages considérables entre les enfants d'Israël.

4 Et voici leurs noms : pour la tribu de Ruben, Chammoûa, fils de Zakkour ;

5 pour la tribu de Siméon, Chafat, fils de Hori ;

6 pour la tribu de Juda, Caleb, fils de Yefounné ;

7 pour la tribu d'Issachar, Yigal, fils de Joseph ;

8 pour la tribu d'Ephraïm, Hochéa, fils de Noun ;

9 pour la tribu de Benjamin, Palti, fils de Rafou ;

10 pour la tribu de Zabulon, Gaddïel, fils de Sodi ;

11 pour la tribu de Joseph formant celle de Manassé, Gaddi, fils de Çouci ;

12 pour la tribu de Dan, Ammïel, fils de Ghemalli ;

13 pour la tribu d'Asher, Sethour, fils de Mikhaêl ;

14 pour la tribu de Nephtali, Nahbi, fils de Vofsi ;

15 pour la tribu de Gad, Gheouêl, fils de Makhi.

16 Tels sont les noms des hommes que Moïse envoya explorer la contrée. (Moïse avait nommé Hochéa, fils de Noun : Josué).

17 Moïse leur donna donc mission d'explorer le pays de Canaan, en leur disant : "Dirigez-vous de ce côté, vers le sud, et gravissez la montagne.

18 Vous observerez l'aspect de ce pays et le peuple qui l'occupe, s'il est robuste ou faible, peu nombreux ou considérable ;

19 quant au pays qu'il habite, s'il est bon ou mauvais ; comment sont les villes où il demeure, des villes ouvertes ou des places fortes ;

20 quant au sol, s'il est gras ou maigre, s'il est boisé ou non. Tâchez aussi d'emporter quelques-uns des fruits du pays." C'était alors la saison des premiers raisins.

21 Et ils s'en allèrent explorer le pays, depuis le désert de Cîn jusqu'à Rehob, vers Hémath.

22 Ils s'acheminèrent du côté du midi, et l'on parvint jusqu'à Hébrôn, où demeuraient Ahimân, Chêchaï et Talmaï, descendants d'Anak. Hébrôn avait été bâtie sept ans avant Tanis d'Égypte.

23 Arrivés à la vallée d'Echkol, ils y coupèrent un sarment avec une grappe de raisin, qu'ils portèrent à deux au moyen d'une perche, de plus, quelques grenades et quelques figues.

24 On nomma ce lieu vallée d'Echkol, à cause de la grappe qu'y avaient coupée les enfants d'Israël.

25 Ils revinrent de cette exploration du pays, au bout de quarante jours.

26 Ils allèrent trouver Moïse, Aaron et toute la communauté des enfants d'Israël, dans le désert de Pharan, à Kadêch. Ils rendirent compte à eux et à toute la communauté, leur montrèrent les fruits de la contrée,

27 et lui firent ce récit : "Nous sommes entrés dans le pays où tu nous avais envoyés ; oui, vraiment, il ruisselle de lait et de miel, et voici de ses fruits.

28 Mais il est puissant le peuple qui habite ce pays ! Puis, les villes sont fortifiées et très grandes, et même nous y avons vu des descendants d'Anak !

29 Amalec habite la région du midi ; le Héthéen, le Jébuséen et l'Amorréen habitent la montagne, et le Cananéen occupe le littoral et la rive du Jourdain."

30 Caleb fit taire le peuple soulevé contre Moïse, et dit : "Montons, montons-y et prenons-en possession, car certes nous en serons vainqueurs !"

31 Mais les hommes qui étaient partis avec lui, dirent : "Nous ne pouvons marcher contre ce peuple, car il est plus fort que nous."

32 Et ils décrièrent le pays qu'ils avaient exploré, en disant aux enfants d'Israël : "Le pays que nous avons parcouru pour l'explorer est un pays qui dévorerait ses habitants ; quant au peuple que nous y avons vu, ce sont tous gens de haute taille.

33 Nous y avons même vu les Nefilîm, les enfants d'Anak, descendants des Nefilîm : nous étions à nos propres yeux comme des sauterelles, et ainsi étions-nous à leurs yeux."

CHAPITRE QUATORZE

Alors toute la communauté se souleva en jetant des cris, et le peuple passa cette nuit à gémir.

2 Tous les enfants d'Israël murmurèrent contre Moïse et Aaron, et toute la communauté leur dit : "Que ne sommes-nous morts dans le pays d'Égypte, ou que ne mourons-nous dans ce désert !

3 Et pourquoi l'Éternel nous mène-t-il dans ce pays-là, pour y périr par le glaive, nous voir ravir nos femmes et nos enfants ? Certes, il vaut mieux pour nous retourner en Égypte."

4 Et ils se dirent l'un à l'autre : "Donnons-nous un chef, et retournons en Égypte !"

5 Moïse et Aaron tombèrent sur leur face devant toute l'assemblée réunie des enfants d'Israël.

6 Et Josué, fils de Noun, et Caleb, fils de Yefounné, qui avaient, eux aussi, exploré la contrée, déchirèrent leurs vêtements.

7 Ils parlèrent à toute la communauté des Israélites en ces

termes : "Le pays que nous avons parcouru pour l'explorer, ce pays est bon, il est excellent.

8 Si l'Éternel nous veut du bien, il saura nous faire entrer dans ce pays et nous le livrer, ce pays qui ruisselle de lait et de miel.

9 Mais ne vous mutinez point contre l'Éternel ; ne craignez point, vous, le peuple de ce pays, car ils seront notre pâture : leur ombre les a abandonnés et l'Éternel est avec nous, ne les craignez point !"

10 Or, toute la communauté se disposait à les lapider, lorsque la gloire divine apparut, dans la tente d'assignation, à tous les enfants d'Israël.

11 Et l'Éternel dit à Moïse : "Quand cessera ce peuple de m'outrager ? Combien de temps manquera-t-il de confiance en moi, malgré tant de prodiges que j'ai opérés au milieu de lui ?

12 Je veux le frapper de la peste et l'anéantir, et te faire devenir toi-même un peuple plus grand et plus puissant que celui-ci."

13 Moïse répondit à l'Éternel : "Mais les Égyptiens ont su que tu as, par ta puissance, fait sortir ce peuple du milieu d'eux,

14 et ils l'ont dit aux habitants de ce pays-là ; ils ont appris, Seigneur, que tu es au milieu de ce peuple, que celui qu'ils ont vu face à face, c'est toi-même, Seigneur ; que ta nuée plane au-dessus d'eux ; que, dans une colonne nébuleuse, tu les guides le jour, et, dans une colonne de feu, la nuit.

15 Et tu ferais mourir ce peuple comme un seul homme ! Mais ces nations, qui ont entendu parler de toi, diront alors :

16 "Parce que l'Éternel n'a pu faire entrer ce peuple dans le pays qu'il leur avait solennellement promis, il les a égorgés dans le désert."

17 Maintenant donc, de grâce, que la puissance d'Adonaï se déploie, comme tu l'as déclaré en disant :

18 "L'Éternel est plein de longanimité et de bienveillance ; il supporte le crime et la rébellion, sans toutefois les absoudre, faisant justice du crime des pères sur les enfants jusqu'à la troisième et à la quatrième génération."

19 Oh ! Pardonne le crime de ce peuple selon ta clémence infinie, et comme tu as pardonné à ce peuple depuis l'Égypte jusqu'ici !"

20 L'Éternel répondit : "Je pardonne, selon ta demande.

21 Mais, aussi vrai que je suis vivant et que la majesté de l'Éternel remplit toute la terre,

22 tous ces hommes qui ont vu ma gloire et mes prodiges, en Égypte et dans le désert, et qui m'ont tenté dix fois déjà, et n'ont pas obéi à ma voix,

23 jamais ils ne verront ce pays que j'ai promis par serment à leurs aïeux ; eux tous qui m'ont outragé, ils ne le verront point !

24 Pour mon serviteur Caleb, attendu qu'il a été animé d'un esprit différent et m'est resté pleinement fidèle, je le ferai entrer dans le pays où il a pénétré, et sa postérité le possédera.

25 Or, l'Amalécite et le Cananéen occupent la vallée : demain, changez de direction et partez pour le désert, du côté de la mer des Joncs."

26 L'Éternel parla à Moïse et à Aaron, en disant :

27 "Jusqu'à quand tolérerai-je cette communauté perverse et ses murmures contre moi ? Car les murmures que les enfants d'Israël profèrent contre moi, je les ai entendus.

28 Dis-leur : Vrai comme je vis, a dit l'Éternel ! Selon les propres paroles que j'ai entendues de vous, ainsi vous ferai-je.

29 Vos cadavres resteront dans ce désert, vous tous qui avez

été dénombrés, tous tant que vous êtes, âgés de vingt ans et au-delà, qui avez murmuré contre moi !

30 Jamais vous n'entrerez, vous, dans ce pays où j'avais solennellement promis de vous établir ! Il n'y aura d'exception que pour Caleb, fils de Yefounné, et Josué, fils de Noun.

31 Vos enfants aussi, dont vous disiez : "Ils nous seront ravis", je les y amènerai, et ils connaîtront ce pays dont vous n'avez point voulu.

32 Mais vos cadavres, à vous, pourriront dans ce désert.

33 Vos enfants iront errant dans le désert, quarante années, expiant vos infidélités, jusqu'à ce que le désert ait reçu toutes vos dépouilles.

34 Selon le nombre de jours que vous avez exploré le pays, autant de jours autant d'années vous porterez la peine de vos crimes, partant quarante années ; et vous connaîtrez les effets de mon hostilité.

35 Moi, l'Éternel, je le déclare : oui, c'est ainsi que j'en userai avec toute cette communauté perverse, ameutée contre moi. C'est dans ce désert qu'elle prendra fin, c'est là qu'elle doit mourir."

36 De fait, les hommes que Moïse avait envoyés explorer le pays, et qui, de retour, avaient fait murmurer contre lui toute la communauté en décriant ce pays,

37 ces hommes, qui avaient débité de méchants propos sur le pays, périrent frappés par le Seigneur.

38 Josué, fils de Noun, et Caleb, fils de Yefounné, furent seuls épargnés, entre ces hommes qui étaient allés explorer le pays.

39 Moïse rapporta ces paroles à tous les enfants d'Israël ; et le peuple s'en affligea fort.

40 Puis, le lendemain de bon matin, ils se dirigèrent vers le sommet de la montagne, disant : "Nous sommes prêts à marcher vers le lieu que l'Éternel a désigné, car nous avons péché."

41 Moïse leur dit : "Pourquoi transgressez-vous la parole de l'Éternel ? Cela ne vous réussira point !

42 N'y montez pas, car l'Éternel n'est pas au milieu de vous ; ne vous livrez pas aux coups de vos ennemis.

43 Car l'Amalécite et le Cananéen sont là sur votre chemin, et vous tomberiez sous leur glaive ; aussi bien, vous vous êtes éloignés de l'Éternel, l'Éternel ne sera point avec vous !"

44 Mais ils s'obstinèrent à monter au sommet de la montagne ; cependant, ni l'arche d'alliance du Seigneur ni Moïse ne bougèrent du milieu du camp.

45 L'Amalécite et le Cananéen, qui habitaient sur cette montagne, en descendirent, les battirent et les taillèrent en pièces jusqu'à Horma.

CHAPITRE QUINZE

L'Éternel parla à Moïse en ces termes :

2 "Parle aux enfants d'Israël et dis-leur : Quand vous serez arrivés dans le pays que je vous destine pour votre établissement,

3 et que vous ferez un sacrifice à l'Éternel, holocauste ou autre victime, à l'occasion d'un vœu spécial ou d'un don spontané, ou lors de vos solennités, voulant offrir, en odeur agréable au Seigneur, une pièce de gros ou de menu bétail,

4 celui qui offrira ce sacrifice à l'Éternel y joindra, comme oblation, un dixième de fleur de farine, pétrie avec un quart de hîn d'huile ;

5 plus, du vin, comme libation, un quart de hîn, que tu joindras à l'holocauste ou au sacrifice, pour chaque agneau.

6 Si c'est un bélier, tu offriras comme oblation deux dixièmes de fleur de farine, pétrie avec un tiers de hîn d'huile ;

7 plus, du vin pour libation, un tiers de hîn, que tu offriras, comme odeur délectable, au Seigneur.

8 Et si c'est une pièce de gros bétail que tu offres comme holocauste ou autre sacrifice, à l'occasion d'un vœu particulier ou comme rémunératoire au Seigneur,

9 on ajoutera à cette victime, comme oblation, trois dixièmes de fleur de farine, pétrie avec un demi-hîn d'huile ;

10 et tu offriras, comme libation, un demi-hîn de vin : sacrifice d'odeur agréable à l'Éternel.

11 C'est ainsi qu'on en usera pour chaque taureau, pour chaque bélier, pour chaque animal de l'espèce des brebis ou des chèvres ;

12 selon le nombre des victimes que vous offrirez, vous suivrez ces prescriptions pour chacune, en nombre égal.

13 Tout indigène pratiquera ainsi ces rites, lorsqu'il offrira un sacrifice d'odeur agréable au Seigneur.

14 Et si un étranger émigre chez vous ou se trouve parmi vous, dans les âges ultérieurs, et qu'il offre à l'Éternel un sacrifice d'odeur agréable, comme vous procéderez, ainsi procédera-t-il.

15 Peuple, une même loi vous régira, vous et l'étranger domicilié. Règle absolue pour vos générations : vous et l'étranger, vous serez égaux devant l'Éternel.

16 Même loi et même droit existeront pour vous et pour l'étranger habitant parmi vous."

17 L'Éternel parla à Moïse en ces termes :

18 "Parle aux enfants d'Israël et dis-leur : A votre arrivée dans le pays où je vous conduirai,

19 lorsque vous mangerez du pain de la contrée, vous en prélèverez un tribut au Seigneur.

20 Comme prémices de votre pâte, vous prélèverez un gâteau

en tribut ; à l'instar du tribut de la grange, ainsi vous le prélèverez.

21 Des prémices de votre pâte vous ferez hommage à l'Éternel dans vos générations futures.

22 Si, par suite d'une erreur, vous n'observez pas tous ces commandements que l'Éternel a communiqués à Moïse,

23 tout ce que l'Éternel a prescrit à votre intention par l'organe de Moïse, et cela depuis l'époque où l'Éternel l'a prescrit jusqu'à vos générations ultérieures ;

24 si c'est par l'inadvertance de la communauté qu'a eu lieu cette erreur, la communauté entière offrira un jeune taureau comme holocauste, en odeur agréable à l'Éternel, avec son oblation et sa libation selon la règle ; plus un bouc, comme expiatoire.

25 Le pontife effacera la faute de toute la communauté des enfants d'Israël, et elle leur sera remise, parce que c'était une erreur, et qu'ils ont apporté devant Dieu leur offrande, un sacrifice destiné au feu pour le Seigneur, ainsi que leur expiatoire, pour réparer cette erreur.

26 Et il sera pardonné à toute la communauté des enfants d'Israël et à l'étranger qui séjourne parmi eux ; car l'erreur a été commune à tout le peuple.

27 Que si c'est une seule personne qui a péché par erreur, elle offrira une chèvre, âgée d'un an pour expiatoire.

28 Le pontife fera expiation pour la personne imprudente (car elle n'a péché que par imprudence) devant le Seigneur ; afin qu'étant expiée, sa faute lui soit remise.

29 Indigène entre les enfants d'Israël ou étranger résidant parmi eux, une même règle sera la vôtre, si l'on a agi par erreur.

30 Mais celui qui aurait agi ainsi de propos délibéré, parmi

les nationaux ou parmi les étrangers, celui-là outrage le Seigneur ! Cette personne sera retranchée du milieu de son peuple.

31 Pour avoir méprisé la parole du Seigneur, pour avoir violé sa loi, cette personne sera certainement retranchée : elle est coupable !"

32 Pendant leur séjour au désert, les enfants d'Israël trouvèrent un homme ramassant du bois le jour du Sabbat.

33 Ceux qui l'avaient trouvé ramassant du bois le conduisirent devant Moïse et Aaron, et devant toute la communauté.

34 On le mit en lieu sûr, parce qu'il n'avait pas été expliqué comment il fallait agir à son égard.

35 Alors l'Éternel dit à Moïse : "Cet homme doit être mis à mort ; que toute la communauté le lapide hors du camp."

36 Et toute la communauté l'emmena hors du camp, et on le fit mourir à coups de pierres, comme l'Éternel l'avait ordonné à Moïse.

37 L'Éternel parla à Moïse en ces termes :

38 "Parle aux enfants d'Israël, et dis-leur de se faire des franges aux coins de leurs vêtements, dans toutes leurs générations, et d'ajouter à la frange de chaque coin un cordon d'azur.

39 Cela formera pour vous des franges dont la vue vous rappellera tous les commandements de l'Éternel, afin que vous les exécutiez et ne vous égariez pas à la suite de votre cœur et de vos yeux, qui vous entraînent à l'infidélité.

40 Vous vous rappellerez ainsi et vous accomplirez tous mes commandements, et vous serez saints pour votre Dieu.

41 Je suis l'Éternel votre Dieu, qui vous ai fait sortir du pays d'Égypte pour devenir votre Dieu, moi, l'Éternel votre Dieu !"

CHAPITRE SEIZE

Coré, fils de Yiçhar, fils de Kehath, fils de Lévi, forma un parti avec Dathan et Abirâm, fils d'Elïab, et On, fils de Péleth, descendants de Ruben.

2 Ils s'avancèrent devant Moïse avec deux cent cinquante des enfants d'Israël, princes de la communauté, membres des réunions, personnages notables ;

3 et, s'étant attroupés autour de Moïse et d'Aaron, ils leur dirent : "C'en est trop de votre part ! Toute la communauté, oui, tous sont des saints, et au milieu d'eux est le Seigneur ; pourquoi donc vous érigez-vous en chefs de l'assemblée du Seigneur ?"

4 Moïse, en les entendant, se jeta sur sa face ;

5 puis il parla à Coré et à toute sa faction, en ces termes : "Demain, le Seigneur fera savoir qui est digne de lui, qui est le saint qu'il admet auprès de lui ; celui qu'il aura élu, il le laissera approcher de lui.

6 Faites ceci : munissez-vous d'encensoirs, toi Coré, et tout ton parti ;

7 mettez-y du feu et remplissez-les de parfum, devant le Seigneur, demain : or, l'homme que distinguera le Seigneur, c'est celui-là qui est saint. Assez donc, enfants de Lévi !"

8 Et Moïse dit à Coré : "Or, écoutez, enfants de Lévi.

9 C'est donc peu, pour vous, que le Dieu d'Israël vous ait distingués de la communauté d'Israël, en vous admettant auprès de lui pour faire le service du tabernacle divin, et en vous plaçant en présence de la communauté pour la servir ?

10 Il t'a donc approché de lui, toi et tous tes frères, les enfants de Lévi, et vous réclamez encore le sacerdoce !

11 En vérité, toi et toute ta bande, c'est contre l'Éternel que vous vous êtes ligués ; car Aaron, qu'est-il, pour que vous murmuriez contre lui ?"

12 Moïse envoya quérir Dathan et Abirâm, fils d'Elïab ; mais ils dirent : "Nous n'irons point.

13 Est-ce peu que tu nous aies fait sortir d'un pays ruisselant de lait et de miel, pour nous faire mourir dans ce désert, sans prétendre encore t'ériger en maître sur nous !

14 Certes, ce n'est pas dans un pays abondant en lait et en miel que tu nous as conduits ; ce ne sont champs ni vignes dont tu nous as procuré l'héritage ! Crèveras-tu les yeux à ces hommes ?... Nous n'irons point."

15 Moïse, fort contristé, dit au Seigneur : "N'accueille point leur hommage ! Je n'ai jamais pris à un seul d'entre eux son âne, je n'ai jamais fait de mal à un seul d'entre eux."

16 Moïse dit à Coré : "Toi et tout ton parti, soyez devant le Seigneur, toi et eux ainsi qu'Aaron, demain ;

17 prenez chacun votre encensoir, mettez-y du parfum et apportez, devant le Seigneur, chacun votre encensoir, deux cent cinquante encensoirs ; toi aussi et Aaron, chacun le sien."

18 Ils prirent chacun leur encensoir, y mirent du feu, le couvrirent de parfum et se placèrent à l'entrée de la tente d'assignation avec Moïse et Aaron.

19 Coré avait ameuté contre eux toute la communauté à l'entrée de la tente d'assignation. Et la gloire de l'Éternel apparut à toute la communauté.

20 Et l'Éternel parla à Moïse et à Aaron en ces termes :

21 "Séparez-vous de cette communauté, je veux l'anéantir à l'instant !"

22 Mais ils tombèrent sur leur face et dirent : "Seigneur ! Dieu des esprits de toute chair ! Quoi, un seul homme aura péché, et tu t'irriterais contre la communauté tout entière !"

23 Et l'Éternel parla ainsi à Moïse :

24 "Parle à la communauté et lui dis : Ecartez-vous d'autour de la demeure de Coré, de Dathan et d'Abirâm !"

25 Moïse se releva, et alla vers Dathan et Abirâm, suivi des anciens d'Israël.

26 Et il dit à la communauté : "Retirez-vous, de grâce, d'auprès des tentes de ces pervers, et ne touchez à rien qui leur appartienne, si vous ne voulez périr pour leurs méfaits."

27 Et ils s'éloignèrent, de toutes parts, de la demeure de Coré, de Dathan et d'Abirâm, tandis que Dathan et Abirâm s'avançaient fièrement à l'entrée de leurs tentes, avec leurs femmes, leurs fils et leurs jeunes enfants.

28 Alors Moïse dit : "Par ceci vous reconnaîtrez que c'est l'Éternel qui m'a donné mission d'accomplir toutes ces choses, que je n'ai rien fait de mon chef :

29 si ces gens meurent comme meurent tous les hommes ; si la commune destinée des hommes doit être aussi la leur, ce n'est pas Dieu qui m'a envoyé.

30 Mais si l'Éternel produit un phénomène ; si la terre ouvre son sein pour les engloutir avec tout ce qui est à eux, et qu'ils descendent vivants dans la tombe, vous saurez alors que ces hommes ont offensé l'Éternel."

31 Or, comme il achevait de prononcer ces paroles, le sol qui les portait se fendit,

32 la terre ouvrit son sein et les dévora, eux et leurs maisons, et tous les gens de Coré, et tous leurs biens.

33 Ils descendirent, eux et tous les leurs, vivants dans la tombe ; la terre se referma sur eux, et ils disparurent du milieu de l'assemblée.

34 Et tous les Israélites qui étaient autour d'eux s'enfuirent à leurs cris, disant :"La terre pourrait bien nous engloutir !"

35 Puis un feu s'élança de devant le Seigneur, et consuma les deux cent cinquante hommes qui avaient offert l'encens.

CHAPITRE DIX-SEPT

L'Éternel parla ainsi à Moïse :

2 "Dis à Eléazar, fils d'Aaron le pontife, de retirer les encensoirs du milieu de l'embrasement et d'en disperser le feu au loin ; car ils sont devenus saints.

3 Les encensoirs de ces hommes, coupables de leur propre mort, on les transformera en plaques minces dont on revêtira l'autel, parce qu'ils ont été présentés devant le Seigneur et sont devenus saints ; et ils serviront d'enseignement aux enfants d'Israël."

4 Et le pontife Eléazar prit les encensoirs d'airain qu'avaient apportés ceux qui furent brûlés, et on les lamina pour en revêtir l'autel :

5 signe commémoratif pour les enfants d'Israël, afin que nul profane, étranger à la race d'Aaron, ne s'ingérât de faire fumer l'encens devant l'Éternel et ne subît le sort de Coré et de sa faction, tel que l'Éternel le lui avait annoncé par l'organe de Moïse.

6 Toute la communauté des enfants d'Israël murmura, le lendemain, contre Moïse et Aaron, en disant : "C'est vous qui avez tué le peuple de l'Éternel !"

7 Or, comme la communauté s'attroupait contre Moïse et contre Aaron, ils se tournèrent vers la tente d'assignation, et voici que la nuée la couvrait et la gloire du Seigneur apparut.

8 Moïse et Aaron s'avancèrent jusque devant la tente d'assignation.

9 Et l'Éternel parla à Moïse, disant :

10 "Eloignez-vous du milieu de cette communauté, je veux l'anéantir à l'instant !" Et ils se jetèrent sur leur face.

11 Et Moïse dit à Aaron : "Saisis l'encensoir, mets-y du feu de l'autel, pose le parfum, et porte-le sur le champ au milieu de la communauté pour effacer leur faute ; car le Seigneur a laissé éclater sa colère, déjà le fléau commence !"

12 Aaron prit l'encensoir, comme l'avait dit Moïse, et s'élança au milieu de l'assemblée, où déjà le fléau avait commencé à sévir ; et il posa le parfum, et il fit expiation sur le peuple.

13 Il s'interposa ainsi entre les morts et les vivants, et la mortalité s'arrêta.

14 Les victimes de cette mortalité furent au nombre de quatorze mille sept cents, outre ceux qui avaient péri à cause de Coré.

15 Aaron retourna auprès de Moïse, à l'entrée de la tente d'assignation, lorsque la mortalité eut cessé.

16 L'Éternel parla ainsi à Moïse :

17 "Annonce aux enfants d'Israël que tu dois recevoir d'eux une verge respectivement par famille paternelle, de la part de

tous leurs chefs de familles paternelles, ensemble douze verges ; le nom de chacun, tu l'écriras sur sa verge.

18 Et le nom d'Aaron, tu l'écriras sur la verge de Lévi, car il faut une seule verge par chef de famille paternelle.

19 Tu les déposeras dans la tente d'assignation, devant le statut où je vous donne habituellement rendez-vous.

20 Or, l'homme que j'aurai élu, sa verge fleurira, et ainsi mettrai-je fin à ces murmures contre moi, que les enfants d'Israël profèrent à cause de vous."

21 Moïse parla aux enfants d'Israël ; et tous leurs phylarques lui remirent chacun une verge, selon leurs familles paternelles, ensemble douze verges ; et la verge d'Aaron fut jointe aux leurs.

22 Moïse déposa ces verges devant le Seigneur, dans la tente du statut.

23 Or, le lendemain, Moïse entra dans la tente du statut, et voici qu'avait fleuri la verge d'Aaron, déposée pour la famille de Lévi : il y avait germé des boutons, éclos des fleurs, mûri des amandes.

24 Moïse retira toutes les verges de devant le Seigneur et les exposa devant les enfants d'Israël : ils les regardèrent, et reprirent chacun la sienne.

25 Et l'Éternel dit à Moïse : "Replace la verge d'Aaron devant le statut, comme signe durable à l'encontre des rebelles ; tu feras cesser par là leurs murmures contre moi, et ils ne mourront point."

26 Moïse obéit : comme l'Éternel lui avait ordonné, ainsi fit-il.

27 Les enfants d'Israël parlèrent ainsi à Moïse : "Certes, c'est fait de nous, nous sommes perdus, tous perdus !

28 Quiconque s'approche tant soit peu de la résidence du Seigneur est frappé de mort : sommes-nous donc tous destinés à périr ?"

CHAPITRE DIX-HUIT

L'Éternel dit à Aaron : "Toi et tes fils et la famille de ton père, vous serez responsables des délits du sanctuaire ; toi et tes fils, vous serez responsables des atteintes à votre sacerdoce.

2 Et cependant, tes frères, la tribu de Lévi, tribu de ton père, admets-les auprès de toi ; qu'ils s'associent à toi et te servent, tandis qu'avec tes fils tu seras devant la tente du statut.

3 Ils garderont ton observance et celle de toute la tente ; toutefois, qu'ils n'approchent point des vases sacrés ni de l'autel, sous peine de mort pour eux comme pour vous.

4 Mais ils te seront attachés pour veiller à la garde de la tente d'assignation, en tout ce qui concerne la tente, et empêcher qu'un profane ne s'approche de vous.

5 Vous garderez ainsi l'observance du sanctuaire et celle de l'autel, et les enfants d'Israël ne seront plus exposés à ma colère.

6 Car moi-même j'ai choisi vos frères, les Lévites, entre les

enfants d'Israël : ils sont à vous, octroyés en don pour l'Éternel, pour faire le service de la tente d'assignation.

7 Et toi, et tes fils avec toi, vous veillerez à votre ministère, que vous avez à exercer pour toutes les choses de l'autel et dans l'enceinte du voile. C'est comme fonction privilégiée que je vous donne le sacerdoce, et le profane qui y participerait serait frappé de mort."

8 L'Éternel parla encore ainsi à Aaron : "Moi-même aussi, je te confie le soin de mes offrandes : prélevées sur toutes les choses saintes des enfants d'Israël, je les assigne, par prérogative, à toi et à tes fils, comme revenu perpétuel.

9 Voici ce qui t'appartiendra entre les saintetés éminentes, sauf ce qui doit être brûlé : toutes les offrandes, soit oblations, soit expiatoires ou délictifs quelconques, dont on me fera hommage, appartiendront comme saintetés éminentes à toi et à tes fils.

10 C'est en très saint lieu que tu les consommeras ; tout mâle peut en manger ; ce sera pour toi une chose sainte.

11 Ce qui est encore à toi, c'est le prélèvement de leurs offrandes et de toutes les offrandes balancées par les enfants d'Israël : je te les attribue, ainsi qu'à tes fils et à tes filles, comme droit perpétuel ; tout membre pur de ta famille peut en manger.

12 Tout le meilleur de l'huile, tout le meilleur du vin et du blé, les prémices qu'ils en doivent offrir au Seigneur, je te les donne.

13 Tous les premiers produits de leur terre, qu'ils apporteront au Seigneur, seront à toi ; tout membre pur de ta famille en peut manger.

14 Toute chose dévouée par interdit, en Israël, t'appartiendra.

15 Tout premier fruit des entrailles d'une créature quel-

conque, lequel doit être offert au Seigneur, homme ou bête, sera à toi. Seulement, tu devras libérer le premier-né de l'homme, et le premier-né d'un animal impur, tu le libéreras aussi.

16 Quant au rachat, tu l'accorderas à partir de l'âge d'un mois, au taux de cinq sicles d'argent, selon le sicle du sanctuaire, valant vingt ghêra.

17 Mais le premier-né de la vache, ni celui de la brebis, ni celui de la chèvre, tu ne peux les libérer : ils sont saints. Tu répandras leur sang sur l'autel, tu y feras fumer leur graisse, combustion d'odeur agréable à l'Éternel,

18 et leur chair sera pour toi : comme la poitrine balancée et comme la cuisse droite, elle t'appartiendra.

19 Tous les prélèvements que les Israélites ont à faire sur les choses saintes en l'honneur de l'Éternel, je te les accorde, ainsi qu'à tes fils et à tes filles, comme revenu perpétuel. C'est une alliance de sel, inaltérable, établie de par l'Éternel à ton profit et au profit de ta postérité."

20 Dieu dit encore à Aaron : "Tu ne posséderas point sur leur territoire, et aucun lot ne sera le tien parmi eux : c'est moi qui suis ton lot et ta possession au milieu des enfants d'Israël.

21 Quant aux enfants de Lévi, je leur donne pour héritage toute dîme en Israël, en échange du service dont ils sont chargés, du service de la tente d'assignation.

22 Que désormais les enfants d'Israël n'approchent plus de la tente d'assignation : ils se chargeraient d'un péché mortel.

23 Que le Lévite, lui, fasse son office dans la tente d'assignation, et alors eux-mêmes porteront leur faute : statut perpétuel. Mais, parmi les enfants d'Israël, ils ne recevront point de patrimoine.

24 Car la dîme que les enfants d'Israël prélèveront pour le

Seigneur, comme tribut, je la donne aux Lévites comme patrimoine ; c'est pourquoi je leur déclare qu'ils n'auront point de patrimoine entre les enfants d'Israël."

25 L'Éternel parla à Moïse en ces termes :

26 "Parle aussi aux Lévites et dis-leur : Lorsque vous aurez reçu des enfants d'Israël la dîme que je vous donne de leur part, pour votre héritage, vous prélèverez là-dessus, comme impôt de l'Éternel, la dîme de la dîme.

27 Cet impôt sera considéré par vous comme le blé prélevé de la grange et comme la liqueur prélevée du pressoir.

28 C'est ainsi que vous prélèverez, vous aussi, le tribut de l'Éternel, sur toutes les dîmes que vous percevrez des enfants d'Israël ; et vous remettrez ce tribut de l'Éternel au pontife Aaron.

29 Sur toutes vos donations, vous réserverez entière cette part de l'Éternel, prélevant sur le meilleur ce qu'on en doit consacrer.

30 Dis-leur encore : Quand vous en aurez prélevé le meilleur, le reste équivaudra pour vous, Lévites, au produit de la grange, à celui du pressoir ;

31 et vous pourrez le consommer en tout lieu, vous et votre famille, car c'est un salaire pour vous, en retour de votre service dans la tente d'assignation.

32 Vous n'aurez, sur ce point, aucun péché à votre charge, dès que vous aurez prélevé cette meilleure part ; mais pour les saintetés des enfants d'Israël, n'y portez pas atteinte, si vous ne voulez encourir la mort."

CHAPITRE DIX-NEUF

L'Éternel parla à Moïse et à Aaron en ces termes :

2 "Ceci est un statut de la loi qu'a prescrit l'Éternel, savoir : Avertis les enfants d'Israël de te choisir une vache rousse, intacte, sans aucun défaut, et qui n'ait pas encore porté le joug.

3 Vous la remettrez au pontife Eléazar ; il la fera conduire hors du camp, et on l'immolera en sa présence.

4 Le pontife Eléazar prendra du sang de l'animal avec le doigt, et il fera, en les dirigeant vers la face de la tente d'assignation, sept aspersions de ce sang.

5 Alors on brûlera la vache sous ses yeux : sa peau, sa chair et son sang, on les brûlera avec sa fiente.

6 Le pontife prendra du bois de cèdre, de l'hysope et de l'écarlate, qu'il jettera dans le feu où se consume la vache.

7 Puis ce pontife lavera ses vêtements, baignera son corps dans l'eau, et alors il rentrera au camp ; mais il restera impur jusqu'au soir.

8 Celui qui aura brûlé la vache nettoiera ses vêtements dans l'eau, baignera dans l'eau son corps, et restera impur jusqu'au soir.

9 Cependant un homme pur recueillera les cendres de la vache et les déposera hors du camp, en lieu pur, où elles resteront en dépôt, pour la communauté des enfants d'Israël, en vue de l'eau lustrale : c'est un purificatoire.

10 Celui qui aura recueilli les cendres de la vache lavera ses vêtements, et sera impur jusqu'au soir. Et ceci sera, pour les enfants d'Israël et pour l'étranger établi parmi eux, un statut invariable :

11 celui qui touchera au cadavre d'un être humain quelconque sera impur durant sept jours.

12 Qu'il se purifie au moyen de ces cendres, le troisième et le septième jour, et il sera pur ; mais s'il ne s'est pas purifié, le troisième et le septième jour, il ne sera point pur.

13 Quiconque a touché à un cadavre, au corps d'une personne morte, et ne se purifie point, souille la résidence du Seigneur, et cette existence sera retranchée d'Israël : parce que l'eau lustrale n'a pas été lancée sur lui, souillé qu'il est, il gardera sa souillure.

14 Voici la règle, lorsqu'il se trouve un mort dans une tente : quiconque entre dans cette tente, et tout ce qu'elle renferme, sera impur durant sept jours ;

15 et tout vase découvert, qui n'est pas entièrement clos d'un couvercle, sera impur.

16 Quiconque touchera, en pleine campagne, au corps d'un homme tué par le glaive ou mort naturellement, ou à un ossement humain ou à un sépulcre, sera souillé durant sept jours.

17 Pour purifier l'impur, on prendra des cendres provenant de

la combustion du purificatoire, auxquelles on mêlera de l'eau vive dans un vase.

18 Et un homme pur prendra de l'hysope, la trempera dans l'eau et aspergera la tente, ainsi que tous les vases et les personnes qui s'y trouvaient ; pareillement, celui qui aurait touché à l'ossement, à l'homme tué ou mort naturellement, ou au sépulcre.

19 L'homme pur fera donc aspersion sur l'impur, au troisième et au septième jour ; et lorsqu'il l'aura purifié le septième jour, l'autre lavera ses vêtements, se baignera dans l'eau, et sera pur le soir.

20 Mais l'individu qui, devenu impur, ne se purifierait pas, celui-là sera retranché du sein de l'assemblée, car il a souillé le sanctuaire du Seigneur : l'eau lustrale n'a pas été jetée sur lui, il reste impur.

21 Ce sera pour eux une règle invariable. Quant à celui qui aura fait aspersion de l'eau lustrale, il lavera ses vêtements, et celui qui touchera à l'eau lustrale sera impur jusqu'au soir.

22 Tout ce que touchera l'impur sera souillé ; et la personne qui le touchera sera souillée jusqu'au soir."

CHAPITRE VINGT

Les enfants d'Israël, toute la communauté, arrivèrent au désert de Cîn, dans le premier mois, et le peuple s'arrêta à Kadêch. Miryam mourut en ce lieu et y fut ensevelie.

2 Or, la communauté manqua d'eau, et ils s'ameutèrent contre Moïse et Aaron ;

3 et le peuple chercha querelle à Moïse, et ils parlèrent ainsi : "Ah ! Que ne sommes-nous morts quand sont morts nos frères devant l'Éternel !

4 Et pourquoi avez-vous conduit le peuple de Dieu dans ce désert, pour y périr, nous et notre bétail ?

5 Et pourquoi nous avez-vous fait quitter l'Égypte pour nous amener en ce méchant pays, qui n'est pas un pays de culture, où il n'y a ni figuiers, ni vignes, ni grenadiers, ni eau à boire !"

6 Moïse et Aaron, assaillis par la multitude, se dirigèrent vers l'entrée de la tente d'assignation et se jetèrent sur leur face ; et la majesté divine leur apparut.

7 Et l'Éternel parla ainsi à Moïse :

8 "Prends la verge et assemble la communauté, toi ainsi qu'Aaron ton frère, et dites au rocher, en leur présence, de donner ses eaux : tu feras couler, pour eux, de l'eau de ce rocher, et tu désaltéreras la communauté et son bétail."

9 Moïse prit la verge de devant l'Éternel, comme il le lui avait ordonné.

10 Puis Moïse et Aaron convoquèrent l'assemblée devant le rocher, et il leur dit :"Or, écoutez, ô rebelles ! Est-ce que de ce rocher nous pouvons faire sortir de l'eau pour vous ?"

11 Et Moïse leva la main, et il frappa le rocher de sa verge par deux fois ; il en sortit de l'eau en abondance, et la communauté et ses bêtes en burent.

12 Mais l'Éternel dit à Moïse et à Aaron : "Puisque vous n'avez pas assez cru en moi pour me sanctifier aux yeux des enfants d'Israël, aussi ne conduirez-vous point ce peuple dans le pays que je leur ai donné."

13 Ce sont là les eaux de Meriba, parce que les enfants d'Israël contestèrent contre le Seigneur, qui fit éclater sa sainteté par elles.

14 Moïse envoya, de Kadêch, des députés au roi d'Edom : "Ainsi parle ton frère Israël : tu connais toutes les tribulations que nous avons éprouvées.

15 Jadis, nos pères descendirent en Égypte, et nous y avons demeuré de longs jours ; puis les Égyptiens ont agi méchamment envers nous et nos pères.

16 Mais nous avons Imploré l'Éternel, et il a entendu notre voix, et il a envoyé un mandataire, qui nous a fait sortir de l'Égypte. Or, nous voici à Kadêch, ville qui confine à ta frontière.

17 Permets-nous de traverser ton pays ! Nous ne passerons pas par tes champs ni par tes vignes, et nous ne boirons point de l'eau des citernes ; nous suivrons la route royale, sans nous en écarter à droite ou à gauche, jusqu'à ce que nous ayons passé ta frontière."

18 Edom lui répondit : "Tu ne traverseras point mon pays, car je me porterais en armes à ta rencontre."

19 Les enfants d'Israël lui dirent : "C'est par la chaussée que nous voulons monter, et si nous buvons de ton eau, moi ou mes bestiaux, j'en paierai le prix ; mais il n'en sera rien, je ne ferai que traverser à pied."

20 Il répliqua : "Tu ne passeras point !" Et Edom s'avança à sa rencontre, en grande multitude et à main armée.

21 Edom ayant donc refusé à Israël la permission de traverser son territoire, Israël prit une autre direction.

22 Ils partirent de Kadêch, et les enfants d'Israël en masse arrivèrent à Hor-la-Montagne

23 L'Éternel parla à Moïse et à Aaron, à Hor-la-Montagne, sur les confins du pays d'Edom, en ces termes :

24 "Aaron doit rejoindre ses pères ; car il n'entrera point dans le pays que j'ai donné aux enfants d'Israël, attendu que vous avez dérogé à ma parole au sujet des eaux de Meriba.

25 Prends donc Aaron avec Eléazar, son fils, et fais-les monter sur le mont Hor ;

26 dépouille Aaron de son costume, et revêts-en Eléazar, son fils : alors Aaron rejoindra ses pères et il mourra là."

27 Moïse fit comme avait ordonné l'Éternel : ils gravirent le mont Hor à la vue de toute la communauté.

28 Et Moïse dépouilla Aaron de son costume, le fit revêtir à

Eléazar, son fils, et Aaron mourut là, au sommet de la montagne. Moïse et Eléazar redescendirent la montagne.

29 La communauté voyant qu'Aaron avait cessé de vivre, toute la maison d'Israël le pleura trente jours.

CHAPITRE VINGT-ET-UN

Le Cananéen, roi d'Arad, qui habitait au midi, ayant appris qu'Israël s'acheminait par ces régions, attaqua les Israélites et en fit quelques-uns prisonniers.

2 Mais Israël fit un vœu à l'Éternel en disant : "Si tu livres ce peuple en mon pouvoir, je vouerais ses villes à l'anathème."

3 L'Éternel écouta la voix d'Israël et lui livra les Cananéens ; et on les frappa d'anathème, eux et leurs villes, et l'on donna à ce lieu le nom de Horma.

4 Ils partirent de Hor-la-Montagne dans la direction de la mer des Joncs, pour tourner le pays d'Edom. Le peuple perdit courage pendant cette marche,

5 et il se plaignit de Dieu et de Moïse : "Pourquoi nous avez-vous tirés de l'Égypte, pour nous faire mourir dans ce désert ? Car il n'y a point de pain, point d'eau, et nous sommes excédés de ce misérable aliment."

6 Alors l'Éternel suscita contre le peuple les serpents

brûlants, qui mordirent le peuple, et il périt une multitude d'Israélites.

7 Et le peuple s'adressa à Moïse, et ils dirent : "Nous avons péché en parlant contre l'Éternel et contre toi ; intercède auprès de l'Éternel, pour qu'il détourne de nous ces serpents !" Et Moïse intercéda pour le peuple.

8 L'Éternel dit à Moïse : "Fais toi-même un serpent et place-le au haut d'une perche : quiconque aura été mordu, qu'il le regarde et il vivra !"

9 Et Moïse fit un serpent d'airain, le fixa sur une perche ; et alors, si quelqu'un était mordu par un serpent, il levait les yeux vers le serpent d'airain et était sauvé.

10 Les enfants d'Israël levèrent le camp, puis campèrent à Oboth.

11 Partis d'Oboth, ils campèrent à Iyyê-Haabarîm, dans le désert situé devant Moab, vers le soleil levant.

12 De là ils repartirent et campèrent dans la vallée de Zéred.

13 De là ils repartirent et campèrent sur la rive de l'Arnon située dans le désert et partant du territoire des Amorréens ; car l'Arnon est la frontière de Moab, entre Moab et le territoire amorréen.

14 C'est pourquoi l'on cite, dans l'histoire des guerres du Seigneur, "Vaheb en Soufa, et les affluents de l'Arnon ;

15 et encore le bassin des rivières, qui s'étend vers Chébeth-Ar et confine à la frontière de Moab..."

16 Puis, ils gagnèrent Beêr, ce puits à propos duquel le Seigneur dit à Moïse :"Assemble le peuple, je veux lui donner de l'eau."

17 C'est alors qu'Israël chanta ce cantique : "Jaillis, ô source ! Acclamez-la !...

18 Ce puits, des princes l'ont creusé, les plus grands du peuple l'ont ouvert, avec le sceptre, avec leurs verges !..." Et de Midbar ils allèrent à Mattana ;

19 de Mattana à Nahalïel ; de Nahalïel à Bamoth ;

20 et de Bamoth, au plateau qui est dans la campagne de Moab, au sommet du Pisga, d'où l'on découvrait l'étendue du désert.

21 Israël envoya des députés à Sihôn, roi des Amorréens, pour lui dire :

22 "Je voudrais passer par ton pays. Nous ne traverserons ni champs ni vignobles, nous ne boirons point de l'eau des citernes ; nous irons par la route royale, jusqu'à ce que nous ayons passé ta frontière."

23 Mais Sihôn ne permit point à Israël de traverser son territoire ; et Sihôn rassembla tout son peuple, marcha à la rencontre d'Israël, vers le désert et atteignit Yahça, où il livra la bataille à Israël.

24 Israël le passa au fil de l'épée, et il conquît son pays depuis l'Arnon jusqu'au Jaboc, jusqu'aux possessions des Ammonites ; car elle était forte, la frontière des enfants d'Ammon.

25 Israël s'empara de toutes ces villes ; et il s'établit dans toutes les villes des Amorréens, à Hesbon et dans toutes ses dépendances.

26 Car Hesbon était devenue la ville de Sihôn, roi des Amorréens, celui-ci ayant fait la guerre au précédent roi de Moab, et lui ayant pris tout son territoire jusqu'à l'Arnon.

27 C'est à ce propos que les poètes disaient : "Venez à Hesbon ! Cité de Sihôn, qu'elle se relève et s'affermisse !

28 Car un feu a jailli de Hesbon, une flamme, de la ville de

Sihôn, qui a dévoré Ar-en-Moab, les maîtres des hauteurs d'Arnon.

29 C'est fait de toi. Moab ! Tu es perdu, peuple de Camôs !... Ses fils, il les laisse mettre en fuite, ses filles, emmener captives, par un roi amorréen, par Sihôn !

30 Hesbon perdu, nous les avons poursuivis de nos traits jusqu'à Dibôn ; nous avons dévasté jusqu'à Nôfah, même jusqu'à Mèdeba !..."

31 Israël s'établit donc dans le pays des Amorréens.

32 Moïse envoya explorer Yazêr ; on s'empara de ses dépendances, et l'on déposséda les Amorréens qui y demeuraient.

33 Puis ils se dirigèrent, en montant plus haut, vers le Basan. Og, roi du Basan, s'avança à leur rencontre avec tout son peuple, pour leur livrer bataille, à Edréi.

34 Mais l'Éternel dit à Moïse : "Ne le crains point, car je le livre en tes mains, lui et tout son peuple, et son pays ; et tu le traiteras comme tu as traité Sihôn, roi des Amorréens, qui résidait à Hesbon."

35 Et ils le battirent, ainsi que ses fils et tout son peuple, tellement qu'ils n'en laissèrent survivre aucun ; et ils conquirent son territoire.

CHAPITRE VINGT-DEUX

Les enfants d'Israël repartirent, et ils allèrent camper dans les plaines de Moab, sur la rive du Jourdain, qui fait face à Jéricho.

2 Balak, fils de Cippor, ayant su tout ce qu'Israël avait fait aux Amorréens,

3 Moab eut grand peur de ce peuple, parce qu'il était nombreux, et Moab trembla à cause des enfants d'Israël.

4 Et Moab dit aux anciens de Madian : "Bientôt cette multitude aura fourragé tous nos alentours, comme le bœuf fourrage l'herbe des champs !" Or, Balak, fils de Cippor, régnait sur Moab, à cette époque.

5 Il envoya des messagers à Balaam, fils de Beor, à Pethor qui est sur le fleuve, dans le pays de ses concitoyens, pour le mander, en ces termes : "Un peuple est sorti d'Égypte ; déjà il couvre la face du pays, et il est campé vis-à-vis de moi.

6 Viens donc, je te prie, et maudis-moi ce peuple, car il est plus puissant que moi : peut-être parviendrai-je à le vaincre et le

repousserai-je du pays. Car, je le sais, celui que tu bénis est béni, et celui que tu maudis est maudit."

7 Les anciens de Moab et ceux de Madian partirent, munis des honoraires de la divination, et, arrivés chez Balaam, lui transmirent les paroles de Balak.

8 Il leur répondit : "Restez ici cette nuit, et je vous rendrai réponse selon ce que l'Éternel m'aura dit." Et les princes moabites restèrent chez Balaam.

9 Dieu aborda Balaam, en disant : "Qui sont ces hommes-là chez toi ?"

10 Balaam répondit à Dieu : "C'est Balak fils de Cippor, roi de Moab, qui m'envoie dire :

11 Déjà ce peuple, sorti de l'Égypte, a couvert la face du pays. Viens donc, maudis-le moi ; peut-être pourrai-je l'attaquer et l'expulserai-je."

12 Dieu dit à Balaam : "Tu n'iras point avec eux. Tu ne maudiras point ce peuple, car il est béni !"

13 Balaam, s'étant levé le matin, dit aux officiers de Balak : "Retournez dans votre pays ; car l'Éternel n'a pas voulu me permettre de partir avec vous."

14 Les princes de Moab se retirèrent, revinrent auprès de Balak et lui dirent :"Balaam a refusé de nous accompagner."

15 Balak revint à la charge, en envoyant des princes plus nombreux et plus considérés que ceux-là.

16 Arrivés chez Balaam, ils lui dirent : "Ainsi parle Balak, fils de Cippor : Ne te défends pas, de grâce, de venir auprès de moi.

17 Car je veux te combler d'honneurs, et tout ce que tu me diras je le ferai ; mais viens, de grâce, maudis-moi ce peuple !"

18 Balaam répondit en ces termes aux serviteurs de Balak :

"Quand Balak me donnerait de l'argent et de l'or plein son palais, je ne pourrais contrevenir à l'ordre de l'Éternel mon Dieu, en aucune façon.

19 Et maintenant, veuillez attendre ici, vous aussi, cette nuit, que je sache ce que l'Éternel doit encore me dire."

20 Dieu aborda Balaam pendant la nuit, en lui disant : "Puisque ces hommes sont venus pour te mander, va, pars avec eux ! Et cependant, les ordres que je te donnerai, ceux-là seulement, tu les accompliras !"

21 Balaam se leva le matin, sangla son ânesse, et partit avec les princes de Moab.

22 Mais Dieu étant irrité de ce qu'il partait, un ange du Seigneur se mit sur son chemin pour lui faire obstacle. Or, il était monté sur son ânesse, et ses deux jeunes esclaves l'accompagnaient.

23 L'ânesse, voyant l'ange du Seigneur debout sur son passage et l'épée nue à la main, s'écarta de la route et alla à travers champs ; Balaam frappa l'ânesse pour la ramener sur la route.

24 Alors l'ange du Seigneur se plaça dans un chemin creux entre les vignes, clôture deçà, clôture delà.

25 L'ânesse, voyant l'ange du Seigneur, se serra contre le mur, et froissa contre le mur le pied de Balaam, qui la frappa de nouveau.

26 Mais de nouveau l'ange du Seigneur prit les devants, et il se plaça dans un lieu étroit, où il n'était possible de s'écarter ni à droite ni à gauche.

27 L'ânesse, voyant encore l'ange du Seigneur, se coucha sous Balaam ; enflammé de colère, Balaam la frappa de son bâton.

28 Alors le Seigneur ouvrit la bouche de l'ânesse, qui dit à Balaam : "Que t'ai-je fait, pour que tu m'aies frappée ainsi à trois reprises ?"

29 Balaam répondit à l'ânesse : "Parce que tu te joues de moi ! Si je tenais une épée, certes, je te tuerais sur l'heure !"

30 Et l'ânesse dit à Balaam : "Ne suis-je pas ton ânesse, que tu as toujours montée jusqu'à ce jour ? Avais-je accoutumé d'agir ainsi avec toi ?" Et il répondit : "Non."

31 Soudan, le Seigneur dessilla les yeux de Balaam, et il vit l'ange du Seigneur debout sur la route ; l'épée nue à la main ; il s'inclina et se prosterna sur sa face.

32 L'ange du Seigneur lui dit : "Pourquoi as-tu frappé ton ânesse par trois fois ? C'est moi qui suis venu me poser en obstacle, parce que ce voyage a lieu contre mon gré.

33 Cette ânesse m'a vu, et elle s'est écartée à mon aspect, trois fois ; si elle ne s'était écartée de devant moi, assurément je t'aurais fait mourir, tandis que je l'aurais laissée vivre."

34 Balaam répondit à l'ange du Seigneur : "J'ai péché, parce que je ne savais pas que tu fusses posté devant moi sur le chemin ; et maintenant, si cela te déplaît, je m'en retournerai."

35 Mais l'ange du Seigneur dit à Balaam : "Va avec ces hommes ! Et cependant, la parole que je te dicterai, celle-là seule tu la diras." Et Balaam poursuivit sa route avec les officiers de Balak.

36 Balak, ayant appris que Balaam venait, alla le recevoir à Ir-Moab, qui est sur la limite de l'Arnon, au point extrême de la frontière.

37 Et Balak dit à Balaam : "Ne t'avais-je pas appelé par un premier message ? Pourquoi n'es-tu pas venu près de moi ? Est-ce qu'en vérité je n'ai pas le pouvoir de te faire honneur ?"

38 Balaam répondit a Balak : "Tu le vois, je suis venu vers toi ; mais est-il en ma puissance de dire quoi que ce soit ? La parole que Dieu mettra dans ma bouche, c'est celle-là que je dois dire."

39 Balaam fit route avec Balak, et ils arrivèrent à Kiryath-Houçoth.

40 Balak immola bœufs et brebis, dont il envoya des parts à Balaam et aux officiers qui l'accompagnaient.

41 Et le matin venu, Balak alla prendre Balaam et le conduisit sur les hauteurs de Baal, d'où il vit jusqu'aux dernières lignes du peuple.

CHAPITRE VINGT-TROIS

Alors Balaam dit à Balak : "Dresse-moi ici sept autels, et prépare-moi ici sept taureaux et sept béliers."

2 Balak fit ce qu'avait dit Balaam ; puis Balak et Balaam offrirent un taureau et un bélier sur chaque autel.

3 Balaam dit à Balak : "Demeure près de ton holocauste ; moi je m'en irai : peut-être l'Éternel s'offrira-t-il à ma rencontre, et, quoi qu'il me révèle, je t'en ferai part." Et il s'en alla dans la solitude.

4 Dieu se présenta à Balaam, qui lui dit : "J'ai dressé les sept autels, et j'ai offert un taureau et un bélier sur chaque autel."

5 L'Éternel mit sa parole dans la bouche de Balaam, et lui dit : "Retourne vers Balak, et tu parleras de la sorte..."

6 Il retourna vers lui et le trouva debout près de son holocauste, lui et tous les princes de Moab.

7 Et il proféra son oracle en disant : "Il me fait venir d'Aram, Balak roi de Moab ; il m'appelle des monts de l'orient : "Viens maudire pour moi Jacob ! Oui, viens menacer Israël !"

8 Comment maudirais-je celui que Dieu n'a point maudit ? Comment menacerai-je, quand l'Éternel est sans colère ?

9 Oui, je le vois de la cime des rochers, et du haut des collines, je le découvre : ce peuple, il vit solitaire, il ne se confondra point avec les nations.

10 Qui peut compter la poussière de Jacob, nombrer la multitude d'Israël ? Puissé-je mourir comme meurent ces justes, et puisse ma fin ressembler à la leur !".

11 Balak dit à Balaam : "Que m'as-tu fait ! J'ai eu recours à toi pour maudire mes ennemis, et voilà que tu les bénis, au contraire !"

12 Mais il répondit : "Certes, ce que l'Éternel met dans ma bouche, ne dois-je pas fidèlement le redire ?"

13 Balak lui dit : "Viens, je te prie, avec moi dans un autre lieu, d'où tu pourras voir ce peuple : tu n'en verras que les derniers rangs, tu ne le verras pas tout entier. Et maudis-le moi de là."

14 Il le conduisit au plateau de Çofîm, sur la crête du Pisga ; il y dressa sept autels, et offrit sur chaque autel un taureau et un bélier.

15 Balaam dit à Balak : "Tiens-toi ici, près de ton holocauste, et moi, j'attendrai là-bas la rencontre."

16 L'Éternel se présenta à Balaam, inspira un discours à ses lèvres, lui disant : "Va rejoindre Balak, et tu parleras ainsi..."

17 Il revint près de lui, et le trouva debout près de son holocauste, les princes de Moab à ses côtés. Et Balak lui demanda : "Qu'a dit l'Éternel ?"

18 Il proféra son oracle en ces termes : "Prépare-toi, Balak, à m'entendre ; prête-moi l'oreille, fils de Cippor !

19 Dieu n'est pas un mortel, pour mentir, ni un fils d'Adam,

pour qu'il se ravise ; est-ce lui qui parle et ne tient point parole ? Qui affirme et n'exécute point ?

20 Oui, j'ai reçu mission de bénir ; il a béni, je ne puis le dédire.

21 Il n'aperçoit point d'iniquité en Jacob, il ne voit point de mal en Israël : l'Éternel, son Dieu, est avec lui, et l'amitié d'un roi le protège.

22 Délivré, par ce Dieu, de l'Égypte, il a le vigoureux élan du réêm.

23 Il ne faut point de magie à Jacob, point de sortilège à Israël : ils apprennent à point nommé, Jacob et Israël, ce que Dieu a résolu.

24 Voyez ! Ce peuple se lève comme un léopard, il se dresse comme un lion ; il ne se reposera qu'assouvi de carnage, qu'enivré du sang de ses victimes !"

25 Balak dit à Balaam : "Ne le maudis point, soit, mais ne le bénis point non plus."

26 Balaam répondit à Balak : "Ne t'avais-je pas fait cette déclaration : tout ce que dira l'Éternel, je dois le faire ?"

27 Et Balak dit à Balaam : "Viens donc, que je te conduise à une autre place ; peut-être ce Dieu trouvera-t-il bon que, de là, tu me les maudisses."

28 Et Balak emmena Balaam sur la cime du Peor, qui domine la surface du désert.

29 Balaam dit à Balak : "Construis-moi ici sept autels, et prépare-moi ici sept taureaux et sept béliers."

30 Balak fit ce qu'avait dit Balaam, et il offrit un taureau et un bélier sur chaque autel.

CHAPITRE VINGT-QUATRE

Balaam, voyant que l'Éternel se plaisait à bénir Israël, n'eut plus recours, comme précédemment, à des opérations magiques, mais tourna son visage du côté du désert.

2 En y portant ses regards, Balaam vit Israël, dont les tribus s'y déployaient ; et l'esprit divin s'empara de lui ;

3 et il proféra son oracle en ces termes : "Parole de Balaam, fils de Beor, parole de l'homme au clairvoyant regard,

4 de celui qui entend le verbe divin, qui perçoit la vision du Tout-Puissant il fléchit, mais son œil reste ouvert :

5 Qu'elles sont belles tes tentes, ô Jacob ! Tes demeures, ô Israël !

6 Elles se développent comme des vallées, comme des vergers le long d'un fleuve ; Dieu les a plantées comme des aloès, comme des cèdres au bord des eaux.

7 La sève ruisselle de ses branches, et sa graine est abondam-

ment arrosée ; son roi est plus grand que n'est Agag, sa royauté est souveraine !

8 Quand Dieu le fit sortir de l'Égypte, son élan fut celui du réêm ; il dévore les peuples qui l'attaquent, il brise leurs os, trempe ses flèches dans leur sang.

9 Il se couche, il repose comme le lion et le léopard : qui osera le réveiller ? Heureux ceux qui te bénissent ! Malheur à qui te maudit :"

10 Balak, enflammé de colère contre Balaam, frappa des mains, et il dit à Balaam : "C'est pour maudire mes ennemis que je t'avais appelé, et tu as persisté à les bénir, par trois fois !

11 Eh bien donc, fuis dans ton pays ; je voulais te combler d'honneurs, et voici que l'Éternel t'en a frustré !"

12 Balaam repartit à Balak : "N'avais-je pas déjà, aux messagers que tu m'avais envoyés, répondu en ces termes :

13 Quand Balak me donnerait de l'argent et de l'or plein son palais, je ne saurais désobéir à la voix de l'Éternel, en agissant bien ou mal de mon chef ; ce que dira l'Éternel, je le dirai.

14 Et maintenant, je m'en retourne chez mon peuple ; mais écoute, je veux t'avertir de ce que ce peuple-ci fera au tien dans la suite des jours."

15 Et il proféra son oracle de la sorte : "Parole de Balaam, fils de Beor, parole de l'homme au lucide regard,

16 de celui qui entend le verbe divin et connaît le secret du Très-Haut qui perçoit la vision du Tout-Puissant, qui fléchit, mais dont l'œil reste ouvert :

17 je le vois, mais ce n'est pas encore l'heure ; je le distingue ; mais il n'est pas proche : un astre s'élance de Jacob, et une comète surgit du sein d'Israël, qui écrasera les sommités de Moab et renversera tous les enfants de l'orgueil,

18 fera sa proie de l'Idumée, sa proie de Séir, ses ennemis ; et Israël triomphera.

19 Oui, un dominateur naîtra de Jacob, qui balaiera des villes leurs derniers habitants."

20 Puis il vit Amalec, et il proféra son oracle en disant : "Amalec était le premier des peuples ; mais son avenir est voué à la perdition."

21 Il vit le Kénéen, et il proféra son oracle en disant : "Fortifie ta demeure ! Pose ton nid sur le rocher !

22 Car, s'il est consumé, ô Kénéen, en combien peu de temps Assur te fera captif !"

23 Il proféra encore son oracle et il dit : "Hélas ! Qui peut vivre quand Dieu ne l'a pas voulu ?

24 Des flottes, parties de la côte de Kitttm, subjugueront Assur, subjugueront Héber mais lui aussi est voué à la ruine."

25 Alors Balaam se leva et reprit le chemin de son pays ; et Balak aussi se remit en route.

CHAPITRE VINGT-CINQ

Israël s'établit à Chittîm. Là, le peuple se livra à la débauche avec les filles de Moab.

2 Elles convièrent le peuple à leurs festins idolâtres ; et le peuple mangea, et il se prosterna devant leurs dieux.

3 Israël se prostitua à Baal-Peor et le courroux du Seigneur s'alluma contre Israël.

4 Et le Seigneur dit à Moïse : "Prends tous les chefs du peuple et fais-les pendre au nom du Seigneur, à la face du soleil, pour que la colère divine se détourne d'Israël."

5 Et Moïse dit aux juges d'Israël : "Que chacun de vous immole ceux des siens qui se sont livrés à Baal-Peor !

6 Cependant, quelqu'un des Israélites s'avança, amenant parmi ses frères la Madianite, à la vue de Moïse, à la vue de toute la communauté des enfants d'Israël, qui pleuraient au seuil de la tente d'assignation.

7 A cette vue, Phinéas, fils d'Eléazar, fils d'Aaron le pontife, se leva du milieu de la communauté, arma sa main d'une lance,

8 entra, sur les pas de l'Israélite, dans la tente, et les perça tous deux, l'Israélite ainsi que cette femme, qu'il frappa au flanc ; et le fléau cessa de sévir parmi les enfants d'Israël.

9 Ceux qui avaient péri par suite du fléau étaient au nombre de vingt-quatre mille.

10 L'Éternel parla ainsi à Moïse :

11 "Phinéas, fils d'Eléazar, fils d'Aaron le pontife, a détourné ma colère de dessus les enfants d'Israël, en se montrant jaloux de ma cause au milieu d'eux, en sorte que je n'ai pas anéanti les enfants d'Israël, dans mon indignation.

12 C'est pourquoi, tu annonceras que je lui accorde mon alliance amicale.

13 Lui et sa postérité après lui posséderont, comme gage d'alliance, le sacerdoce à perpétuité ; parce qu'il a pris parti pour son Dieu et procuré expiation aux enfants d'Israël."

14 Or, le nom de l'Israélite frappé par lui, qui avait péri avec la Madianite, était Zimri, fils de Salou, chef d'une famille paternelle des Siméonites ;

15 et la femme qui avait été frappée, la Madianite, se nommait Kozbi, fille de Cour, qui était chef des peuplades d'une famille paternelle de Madian.

16 L'Éternel parla ainsi à Moïse :

17 "Attaquez les Madianites et taillez-les en pièces !

18 Car ils vous ont attaqués eux-mêmes, par les ruses qu'ils ont machinées contre vous au moyen de Peor, et au moyen de Kozbi, la fille du prince madianite, leur sœur, qui a été frappée, le jour de la mortalité, à cause de Peor."

CHAPITRE VINGT-SIX

Or, à la suite de cette mortalité, l'Éternel dit à Moïse et à Eléazar, fils d'Aaron le pontife, ce qui suit :

2 "Faites le relevé de la communauté entière des enfants d'Israël, depuis l'âge de vingt ans et au-delà, par familles paternelles ; de tous ceux qui sont aptes au service en Israël."

3 Moïse et Eléazar le pontife leur en firent part, dans les plaines de Moab, au bord du Jourdain faisant face à Jéricho, en disant :

4 "...Depuis l'âge de vingt ans et au-delà ; ainsi que l'Éternel l'avait prescrit à Moïse et aux enfants d'Israël, lorsqu'ils furent sortis du pays d'Égypte."

5 Ruben, premier-né d'Israël. Les fils de Ruben : Hénok, d'où la famille des Hénokites ; de Pallou, la famille des Pallouïtes ;

6 de Heçrôn, la famille des Heçronites ; de Karmi, la famille des Karmites.

7 Telles sont les familles issues de Ruben ; on y compta quarante-trois mille sept cent trente hommes.

8 Fils de Pallou : Eliab.

9 Fils d'Eliab : Nemouêl, Dathan et Abiram. C'est ce Dathan et cet Abiram, dignitaires de la communauté, qui s'attaquèrent à Moïse et à Aaron avec la faction de Coré, lorsque celle-ci s'attaqua à l'Éternel.

10 Mais la terre ouvrit son sein et les engloutit avec Coré, pendant que périssait le reste du parti, que le feu consumait les deux cent cinquante hommes, frappés pour l'exemple.

11 Quant aux fils de Coré, ils ne périrent point.

12 Fils de Siméon, selon leurs familles : de Nemouêl, la famille des Nemouêlites ; de Yamîn, la famille des Yaminites ; de Yakhîn, la famille des Yakhinites ;

13 de Zérah, la famille des Zarhites ; de Chaoul, la famille des Chaoulites.

14 Telles sont les familles issues de Siméon : vingt-deux mille deux cents hommes.

15 Fils de Gad, selon leurs familles : de Cefôn, la famille des Cefonites ; de Hagghi, la famille des Hagghites ; de Chouni, la famille des Chounites ;

16 d'Ozni, la famille des Oznites ; de Eri, la famille des Erites ;

17 d'Arod, la famille des Arodites ; d'Arêli, la famille des Arêlites.

18 Telles sont les familles des fils de Gad, selon leur dénombrement : quarante mille cinq cents hommes.

19 Fils de Juda : Er et Onân ; mais Er et Onân moururent dans le pays de Canaan.

20 Les autres fils de Juda furent, selon leurs familles : Chêla,

d'où la famille des Chêlanites ; de Péreç, la famille des Parcites ; de Zérah, la famille des Zarhites.

21 Les fils de Péreç furent : Heçrôn, d'où la famille des Heçronites ; Hamoul, d'où la famille des Hamoulites.

22 Telles sont les familles de Juda, selon leur dénombrement : soixante-seize mille cinq cents hommes.

23 Fils d'Issachar, selon leurs familles : Tola, d'où la famille des Tolaïtes ; Pouvva, d'où la famille des Pounites ;

24 de Yachoub, la famille des Yachoubites ; de Chimrôn, la famille des Chimronites.

25 Telles sont les familles d'Issachar, selon leur dénombrement : soixante-quatre mille trois cents hommes.

26 Fils de Zabulon, selon leurs familles : de Séred, la famille des Sardites ; d'Elôn, la famille des Elonites ; de Yahleêl, la famille des Yahleêlites.

27 Telles sont les familles issues de Zabulon, selon leur dénombrement : soixante mille cinq cents hommes.

28 Fils de Joseph, selon leurs familles : Manassé et Ephraïm.

29 Fils de Manassé : Makhir, d'où la famille des Makhirites. Makhir engendra Ghilad : de Ghilad, la famille des Ghiladites.

30 Suivent les fils de Ghllad : Iézer, d'où la famille des Iézrites ; de Hêlek, la famille des Hélkites ;

31 puis Asriêl, d'où la famille des Asriêlites ; Chékem, d'où la famille des Chikmites ;

32 Chemida, d'où la famille des Chemidaïtes ; de Héfer, la famille des Héfrites.

33 Celofhad, fils de Héfer, n'eut point de fils, mais seulement des filles. Les filles de Celofhad se nommaient : Mahla, Noa, Hogla, Milca et Tirça.

34 Ce sont là les familles de Manassé : on y comptait cinquante-deux mille sept cents hommes.

35 Ceux-ci sont les fils d'Ephraïm, selon leurs familles : de Choutélah, la famille des Choutalhites ; de Béker, la famille des Bakrites ; de Tahân, la famille des Tahanites.

36 Et ceux-ci sont les descendants de Choutélah : Erân, d'où la famille des Eranites.

37 Telles sont les familles des fils d'Ephraïm, selon leur dénombrement : trente-deux mille cinq cents hommes. Tels sont les descendants de Joseph, selon leurs familles.

38 Fils de Benjamin, selon leurs familles : de Béla, la famille des Balites ; d'Achbêl, la famille des Achbélites ; d'Ahiram, la famille des Ahiramites ;

39 de Chefoufam, la famille des Chefoufamites ; de Houfam, la famille des Houfamites.

40 Béla eut pour fils Ard' et Naamân : d'où la famille des Ardites, et de Naamân, la famille des Naamites.

41 Tels sont les descendants de Benjamin, selon leurs familles : on y compta quarante-cinq mille six cents hommes.

42 Voici les descendants de Dan, selon leurs familles : de Chouham, la famille des Chouhamites. Ce sont là les familles de Dan, compté selon ses familles.

43 Total des familles issues de Chouham, d'après leur dénombrement : soixante-quatre mille quatre cents hommes.

44 Fils d'Asher, selon leurs familles : de Yimna, la famille des Yimna ; de Yichvi, la famille des Yichvites ; de Beria, la famille des Beriites.

45 Pour les fils de Beria : de Héber, la famille des Hébrites ; de Malkiêl, la famille des Malkiélites.

46 Puis la fille d'Asher, nommée Sérah.

47 Telles sont les familles des fils d'Asher, selon leur dénombrement : cinquante-trois mille quatre cents hommes.

48 Fils de Nephtali, selon leurs familles : de Yahceêl, la famille des Yahceélites ; de Gouni, la famille des Gounites ;

49 de Yêcer, la famille des Yiçrites ; de Chillem, la famille des Chillémites.

50 Telles sont les familles de Nephtali, compté selon ses familles ; leur dénombrement donna quarante-cinq mille quatre cents hommes.

51 Résultat du dénombrement des enfants d'Israël : six cent un mille sept cent trente hommes.

52 L'Éternel parla à Moïse en ces termes :

53 "C'est entre ceux-là que le pays sera partagé comme héritage, selon le relevé des noms.

54 Aux plus nombreux tu donneras une plus grande part, aux moins nombreux une part inférieure : chaque tribu recevra sa part selon le chiffre de sa population.

55 Toutefois, c'est au sort qu'on distribuera le pays ; chacun aura son lot selon la désignation de sa tribu paternelle.

56 Ce lot sera attribué par la voie du sort, que la famille soit considérable ou non."

57 Voici maintenant le relevé des Lévites, selon leurs familles : pour Gerson, la famille des Gersonites ; pour Kehath, la famille des Kehathites ; pour Merari, la famille des Merarites.

58 Voici les familles Issues de Lévi : la famille des Libnites, la famille des Hébronites, celle des Mahlites, celle des Mouchites, celle des Coréites. Kehath engendra Amram.

59 Et le nom de l'épouse d'Amram était Jocabed, fille de Lévi, laquelle naquit à Lévi en Égypte. Elle enfanta à Amram Aaron, Moïse et Miryam, leur sœur.

60 Aaron eut pour fils Nadab et Abihou, Eléazar et Ithamar ;

61 mais Nadab et Abihou moururent, pour avoir apporté un feu profane devant le Seigneur.

62 Or, leur population dénombrée se monta à vingt-trois mille mâles âgés d'un mois et au-dessus ; car ils n'avaient point figuré dans le recensement des enfants d'Israël, n'ayant point reçu de patrimoine comme ceux-ci.

63 Tel fut le résultat du recensement opéré par Moïse, et le pontife Eléazar à l'égard des enfants d'Israël, dans les plaines de Moab, près du Jourdain, vers Jéricho.

64 Parmi eux ne se trouvait pas un seul homme de ceux qu'avait recensés Moïse et le pontife Aaron, lorsqu'ils avaient dénombré les Israélites dans le désert de Sinaï.

65 Car l'Éternel avait déclaré, quant à ceux-là, qu'ils devaient mourir dans le désert ; et aucun d'eux n'avait survécu, excepté Caleb, fils de Yefounné, et Josué, fils de Noun.

CHAPITRE VINGT-SEPT

Alors s'approchèrent les filles de Celofhad, fils de Héfer, fils de Ghilad, fils de Makhir, fils de Manassé, de la descendance de Manassé, fils de Joseph, lesquelles filles avaient nom Mailla, Noa, Hogla, Milca et Tirça ;

2 elles se présentèrent devant Moïse, devant Eléazar le pontife, devant les phylarques et toute la communauté, à l'entrée de la tente d'assignation, disant :

3 "Notre père est mort dans le désert. Toutefois, il ne faisait point partie de cette faction liguée contre le Seigneur, de la faction de Coré : c'est pour son péché qu'il est mort, et il n'avait point de fils.

4 Faut-il que le nom de notre père disparaisse du milieu de sa famille, parce qu'il n'a pas laissé de fils ? Donne-nous une propriété parmi les frères de notre père !"

5 Moïse déféra leur cause à l'Éternel.

6 Et l'Éternel parla ainsi à Moïse :

7 "Les filles de Celofhad ont raison. Tu dois leur accorder un

droit d'hérédité parmi les frères de leur père, et leur transmettre l'héritage de leur père.

8 Et tu parleras en ces termes aux enfants d'Israël : Si un homme meurt sans laisser de fils, vous ferez passer son héritage à sa fille.

9 S'il n'a pas de fille, vous donnerez son héritage à ses frères.

10 S'il n'a pas de frères, vous donnerez son héritage aux frères de son père.

11 Et si son père n'a pas laissé de frères, vous donnerez son héritage au plus proche parent qu'il aura dans sa famille, lequel en deviendra possesseur. Ce sera pour les enfants d'Israël une règle de droit, ainsi que l'Éternel l'a prescrit à Moïse."

12 L'Éternel dit à Moïse : "Monte sur cette hauteur des Abarîm, pour contempler le pays que j'ai donné aux enfants d'Israël.

13 Quand tu l'auras contemplé, tu iras rejoindre tes pères, toi aussi, comme l'a fait Aaron ton frère ;

14 parce que vous avez contrevenu à ma parole dans le désert de Cîn, lors de la querelle soulevée par la communauté, au lieu de faire éclater devant eux ma sainteté par les eaux." Ce sont les eaux de Meribath-Kadêch, au désert de Cîn.

15 Alors Moïse parla à l'Éternel en ces termes :

16 "Que l'Éternel, le Dieu des esprits de toute chair, institue un chef sur cette communauté,

17 qui marche sans cesse à leur tête et qui dirige tous leurs mouvements, afin que la communauté de l'Éternel ne soit pas comme un troupeau sans pasteur."

18 Et l'Éternel dit à Moïse : "Fais approcher de toi Josué, fils de Noun, homme animé de mon esprit, et impose ta main sur lui.

19 Tu le mettras en présence d'Eléazar le pontife et de toute la communauté, et lui donneras ses instructions devant eux.

20 Tu lui communiqueras une partie de ta majesté, afin que toute l'assemblée des enfants d'Israël lui obéisse.

21 Il devra se présenter devant le pontife Eléazar, qui interrogera pour lui l'oracle des Ourîm devant le Seigneur : c'est à sa voix qu'ils partiront, à sa voix qu'ils rentreront, lui-même aussi bien que tous les enfants d'Israël et toute la communauté."

22 Moïse fit comme l'Éternel lui avait prescrit : il prit Josué, le mit en présence du pontife Eléazar et de toute la communauté,

23 lui imposa les mains et lui donna ses instructions, comme l'Éternel l'avait dit par l'organe de Moïse.

CHAPITRE VINGT-HUIT

L'Éternel parla à Moïse en ces termes :

2 "Ordonne ceci aux enfants d'Israël et dis-leur : Mes offrandes, ce pain qui se consume pour moi en délectable odeur, vous aurez soin de me les présenter en leur temps.

3 Dis-leur encore : Ceci est le sacrifice que vous aurez à offrir à l'Éternel : des agneaux âgés d'un an, sans défaut, deux par jour, holocauste perpétuel.

4 Un de ces agneaux, tu l'offriras le matin ; le second, tu l'offriras vers le soir.

5 Plus, comme oblation, un dixième d'êpha de fleur de farine, pétrie avec un quart de hîn d'huile d'olives concassées.

6 Holocauste perpétuel, déjà offert sur le mont Sinaï comme odeur agréable, destiné à être brûlé devant l'Éternel.

7 Sa libation sera un quart de hîn pour ce premier agneau ; c'est dans le lieu saint qu'on fera cette libation de vin pur, en l'honneur de l'Éternel.

8 Pour le second agneau, tu l'offriras vers le soir ; tu procéderas comme pour l'oblation et la libation du matin, combustion d'odeur agréable à l'Éternel.

9 Et au jour du sabbat, deux agneaux d'un an sans défaut : plus, pour oblation, deux dixièmes de fleur de farine pétrie à l'huile et sa libation.

10 Holocauste du sabbat, offert chaque sabbat, indépendamment de l'holocauste perpétuel et de sa libation.

11 Et lors de vos néoménies, vous offrirez pour holocauste à l'Éternel deux jeunes taureaux, un bélier, sept agneaux d'un an sans défaut.

12 Plus, trois dixièmes de fleur de farine pétrie à l'huile, comme oblation pour chaque taureau ; deux dixièmes de fleur de farine pétrie à l'huile, comme oblation pour le bélier unique,

13 et un dixième de fleur de farine pétrie à l'huile comme oblation pour chaque agneau : holocauste d'odeur délectable, à consumer pour l'Éternel.

14 Quant à leurs libations, il y aura un demi-hîn de vin par taureau, un tiers de hîn pour le bélier, et un quart de hîn par agneau. Tel sera l'holocauste périodique des néoménies, pour toutes les néoménies de l'année.

15 De plus, un bouc pour expiatoire, en l'honneur de l'Éternel, à offrir indépendamment de l'holocauste perpétuel et de sa libation.

16 Au premier mois, le quatorzième jour de ce mois, la pâque sera offerte à l'Éternel.

17 Et le quinzième jour du même mois, c'est fête : durant sept jours on mangera des azymes.

18 Au premier jour, convocation sainte : vous ne ferez aucune œuvre servile.

19 Et vous offrirez en sacrifice, comme holocauste à l'Éternel, deux jeunes taureaux, un bélier, et sept agneaux âgés d'un an, que vous choisirez sans défaut.

20 Pour leur oblation, de la fleur de farine pétrie à l'huile ; vous en offrirez trois dixièmes par taureau, deux dixièmes pour le bélier.

21 Et tu en offriras un dixième respectivement pour chacun des sept agneaux.

22 De plus, un bouc expiatoire, pour obtenir votre pardon.

23 C'est indépendamment de l'holocauste du matin, dû comme holocauste perpétuel, que vous ferez ces offrandes.

24 Vous ferez les pareilles journellement pendant sept jours, comme aliment de combustion qui sera en odeur agréable à l'Éternel ; cela aura lieu en sus de l'holocauste perpétuel et de sa libation.

25 Et le septième jour, il y aura pour vous convocation sainte : vous ne ferez aucune œuvre servile.

26 Au jour des prémices, quand vous présenterez à l'Éternel l'offrande nouvelle, à la fin de vos semaines, il y aura pour vous convocation sainte : vous ne ferez aucune œuvre servile.

27 Vous offrirez, comme holocauste d'odeur agréable à l'Éternel, deux jeunes taureaux, un bélier, sept agneaux âgés d'un an.

28 Pour leur oblation, de la fleur de farine pétrie à l'huile ; trois dixièmes pour chaque taureau, deux dixièmes pour le bélier unique,

29 un dixième respectivement pour chacun des sept agneaux.

30 Un bouc, pour faire expiation sur vous.

31 Vous les offrirez en sus de l'holocauste perpétuel et de son

oblation ; vous les choisirez sans défaut, et y joindrez leurs libations.

CHAPITRE VINGT-NEUF

Au septième mois, le premier jour du mois, il y aura pour vous convocation sainte : vous ne ferez aucune œuvre servile. Ce sera pour vous le jour du son du Chofar.

2 Vous offrirez en holocauste, comme odeur agréable à l'Éternel, un jeune taureau, un bélier, sept agneaux d'un an sans défaut.

3 Leur oblation : de la fleur de farine pétrie à l'huile, trois dixièmes pour le taureau, deux dixièmes pour le bélier,

4 et un dixième pour chacun des sept agneaux.

5 Plus, un bouc comme expiatoire, pour obtenir votre pardon.

6 Indépendamment de l'holocauste de néoménie avec son oblation, et de l'holocauste perpétuel avec la sienne et avec leurs libations réglementaires, combustion d'odeur agréable à l'Éternel.

7 Et au dixième jour de ce septième mois, il y aura pour vous

convocation sainte : vous mortifierez vos personnes, vous vous abstiendrez de tout travail.

8 Et vous offrirez en holocauste à l'Éternel, comme odeur délectable, un jeune taureau, un bélier, sept agneaux d'un an que vous choisirez sans défaut.

9 Leur oblation : de la fleur de farine pétrie à l'huile, trois dixièmes pour le taureau, deux dixièmes pour le bélier unique,

10 un dixième respectivement pour chacun des sept agneaux.

11 Un bouc, comme expiatoire : sans compter l'expiatoire du jour d'expiation, l'holocauste perpétuel, son oblation et leurs libations.

12 Et le quinzième jour du septième mois, il y aura pour vous convocation sainte, vous ne ferez aucune œuvre servile. Vous célébrerez, en l'honneur de l'Éternel, une fête de sept jours.

13 Vous offrirez en holocauste, comme sacrifice d'odeur agréable à l'Éternel, treize jeunes taureaux, deux béliers, quatorze agneaux d'un an qui soient sans défaut.

14 Leur oblation sera de fleur de farine pétrie à l'huile : trois dixièmes pour chacun des treize taureaux, deux dixièmes pour chacun des deux béliers,

15 et un dixième, respectivement, pour chacun des quatorze agneaux.

16 Plus, un bouc, comme expiatoire ; indépendamment de l'holocauste perpétuel, de son oblation et de sa libation.

17 Le deuxième jour, douze jeunes taureaux, deux béliers, quatorze agneaux d'un an sans défaut.

18 Leurs oblations et leurs libations, pour les taureaux, les béliers et les agneaux, à proportion de leur nombre, auront lieu d'après le rite.

19 Plus, un bouc, comme expiatoire ; indépendamment de l'holocauste perpétuel, de son oblation et de leurs libations.

20 Le troisième jour, onze taureaux, deux béliers, quatorze agneaux d'un an sans défaut.

21 Leurs oblations et leurs libations, pour les taureaux, les béliers et les agneaux, à proportion de leur nombre, auront lieu d'après le rite.

22 De plus, un bouc expiatoire ; indépendamment de l'holocauste perpétuel, de son oblation et de sa libation.

23 Le quatrième jour, dix taureaux, deux béliers, quatorze agneaux d'un an sans défaut.

24 Leurs oblations et leurs libations, pour les taureaux, les béliers et les agneaux, à proportion de leur nombre, auront lieu d'après le rite.

25 Plus, un bouc, comme expiatoire ; indépendamment de l'holocauste perpétuel, de son oblation et de sa libation.

26 Le cinquième jour, neuf taureaux, deux béliers, quatorze agneaux d'un an sans défaut.

27 Leurs oblations et leurs libations, pour les taureaux, les béliers et les agneaux, à proportion de leur nombre, auront lieu d'après le rite.

28 De plus, un bouc expiatoire ; indépendamment de l'holocauste perpétuel, de son oblation et de sa libation.

29 Le sixième jour, huit taureaux, deux béliers, quatorze agneaux d'un an sans défaut.

30 Leurs oblations et leurs libations, pour les taureaux, les béliers et les agneaux, à proportion de leur nombre, se feront d'après le rite.

31 De plus, un bouc expiatoire ; indépendamment de l'holocauste perpétuel, de son oblation et de ses libations.

32 Et le septième jour, sept taureaux, deux béliers et quatorze agneaux d'un an sans défaut.

33 Leurs oblations et leurs libations, pour les taureaux, les béliers et les agneaux, à proportion de leur nombre, auront lieu suivant leur prescription.

34 De plus, un bouc expiatoire ; indépendamment de l'holocauste perpétuel, de son oblation et de sa libation.

35 Le huitième jour, aura lieu pour vous une fête de clôture ; vous ne ferez aucune œuvre servile.

36 Et vous offrirez en holocauste, comme sacrifice d'odeur agréable à l'Éternel, un taureau, un bélier, sept agneaux d'un an sans défaut.

37 Leurs oblations et leurs libations, pour le taureau, pour le bélier et pour les agneaux, selon leur nombre, se feront d'après la règle.

38 De plus, un bouc expiatoire ; indépendamment de l'holocauste perpétuel, de son oblation et de sa libation,

39 Tels seront vos sacrifices à l'Éternel lors de vos solennités, sans préjudice de vos offrandes votives ou volontaires, de vos autres holocaustes, oblations et libations, et de vos sacrifices rémunératoires."

CHAPITRE TRENTE

Moïse redit aux enfants d'Israël tout ce que l'Éternel lui avait commandé.

2 Moïse parla aux chefs des tribus des enfants d'Israël, en ces termes : "Voici ce qu'a ordonné l'Éternel :

3 Si un homme fait un vœu au Seigneur, ou s'impose, par un serment, quelque interdiction à lui-même, il ne peut violer sa parole : tout ce qu'a proféré sa bouche, il doit l'accomplir.

4 Pour la femme, si elle fait un vœu au Seigneur ou s'impose une abstinence dans la maison de son père, pendant sa jeunesse,

5 et que son père, ayant connaissance de son vœu ou de l'abstinence qu'elle s'est imposée, garde le silence vis-à-vis d'elle, ses vœux, quels qu'ils soient, seront valables ; toute abstinence qu'elle a pu s'imposer sera maintenue.

6 Mais si son père la désavoue le jour où il en a eu connaissance, tous ses vœux et les interdictions qu'elle a pu s'imposer seront nuls. Le Seigneur lui pardonnera, son père l'ayant désavouée.

7 Que si elle passe en puissance d'époux étant soumise à des vœux ou à une promesse verbale qui lui impose une abstinence,

8 que son époux l'apprenne à une époque quelconque et garde le silence à son égard, ses vœux seront valables, et les abstinences qu'elle s'est imposées subsisteront.

9 Mais si, le jour où il en a eu connaissance, son époux la désavoue, il annule par là le vœu qui la lie ou la parole de ses lèvres qui lui imposait l'abstinence ; et le Seigneur lui pardonnera.

10 Quant aux vœux d'une femme veuve ou répudiée, tout ce qu'elle s'est imposé sera obligatoire pour elle.

11 Au cas où c'est en puissance de mari qu'elle a fait un vœu ou s'est interdit quelque chose par serment ;

12 si son époux l'apprend et ne lui dit rien, ne la désavoue point, tous ses vœux et toute abstinence qu'elle a pu s'imposer restent obligatoires.

13 Si, au contraire, son époux les annule le jour où il en a eu connaissance, tout ce qu'a proféré sa bouche, soit vœux, soit interdiction personnelle, sera sans effet : son époux les a annulés, Dieu sera indulgent pour elle.

14 Tout vœu, tout serment d'abstinence, tendant à mortifier la personne, l'époux peut les ratifier ou il peut les rendre nuls.

15 Si son époux ne s'en explique pas à elle du jour au lendemain, il sanctionne ses vœux ou les abstinences auxquelles elle s'est soumise, parce qu'il s'est tu lorsqu'il en a eu connaissance.

16 Que s'il les invalidait après qu'il en a eu connaissance, sa faute à elle retomberait sur lui."

17 Telles sont les règles que l'Éternel avait prescrites à Moïse sur les rapports entre l'homme et sa femme, entre le père et sa fille adolescente dans la maison paternelle.

CHAPITRE TRENTE-ET-UN

L'Éternel parla ainsi à Moïse :

2 "Exerce sur les Madianites la vengeance due aux enfants d'Israël ; après quoi tu seras réuni à tes pères."

3 Et Moïse parla ainsi au peuple : "Qu'un certain nombre d'entre vous s'apprêtent à combattre ; ils marcheront contre Madian, pour exercer sur lui la vindicte de l'Éternel.

4 Mille par tribu, mille pour chacune des tribus d'Israël, seront désignés par vous pour cette expédition."

5 On recruta donc, parmi les familles d'Israël, mille hommes par tribu : en tout douze mille, équipés pour le combat.

6 Moïse les envoya en campagne, mille par tribu ; et avec eux, pour diriger l'expédition, Phinéas, fils d'Eléazar le pontife, muni de l'appareil sacré et des trompettes retentissantes ;

7 et ils livrèrent bataille à Madian, comme l'Éternel l'avait ordonné à Moïse, et ils tuèrent tous les mâles.

8 Ils ajoutèrent à ces victimes les rois de Madian : Evi,

Rékem, Cour, Heur et Réba, tous cinq rois de Madian, plus Balaam, fils de Beor, qu'ils firent périr par le glaive.

9 Et les Israélites firent prisonnières les femmes de Madian, ainsi que leurs enfants ; ils s'emparèrent de toutes leurs bêtes de somme, de tous leurs troupeaux et de tous leurs biens ;

10 et toutes les villes qu'ils habitaient et tous leurs villages, ils les incendièrent ;

11 Alors ils réunirent tout le butin, et tout ce qu'ils avaient pris d'hommes et d'animaux,

12 et amenèrent le tout, prisonniers, bétail et dépouilles, devant Moïse, devant Eléazar le pontife et la communauté des enfants d'Israël, au camp, dans les plaines de Moab, qui sont près du Jourdain vers Jéricho.

13 Moïse, le pontife Eléazar et tous les chefs de la communauté se portèrent à leur rencontre, hors du camp.

14 Moïse se mit en colère contre les officiers de l'armée, chiliarques et centurions, qui revenaient de l'expédition de guerre,

15 et Moïse leur dit : "Quoi ! Vous avez laissé vivre toutes les femmes ?

16 Ne sont-ce pas elles qui, à l'instigation de Balaam, ont porté les enfants d'Israël à trahir l'Éternel pour Baal-Peor, de sorte que la mort a sévi dans la communauté de l'Éternel ?

17 Et maintenant, tuez tous les enfants mâles ; et toute femme qui a connu un homme par cohabitation, tuez-la.

18 Quant à celles qui, encore enfants, n'ont pas cohabité avec un homme, conservez-les pour vous.

19 De plus, restez sept jours hors du camp : vous tous qui avez tué une personne ou touché à quelque cadavre, vous devez

vous purifier le troisième et le septième jour, vous et vos prisonniers.

20 De même tout vêtement, tout ustensile de peau, tout objet fait de poil de chèvre et tout vaisseau de bois, ayez soin de le purifier."

21 Eléazar le pontife dit aux hommes de la milice, qui avaient pris part au combat : "Ceci est un statut de la loi que l'Éternel a donnée à Moïse.

22 A la vérité, l'or et l'argent, le cuivre, le fer, l'étain et le plomb,

23 tout ce qui supporte le feu, vous le passerez par le feu et il sera pur, après toutefois avoir été purifié par l'eau lustrale ; et tout ce qui ne va pas au feu, vous le passerez par l'eau.

24 Et vous laverez vos vêtements le septième jour, et vous deviendrez purs ; après quoi vous pourrez rentrer au camp."

25 L'Éternel parla à Moïse en ces termes :

26 "Fais le relevé de toutes les prises en personnes et en animaux, toi avec Eléazar le pontife et les principaux membres de la communauté.

27 Tu partageras ces prises entre les guerriers qui ont pris part à l'expédition, et le reste de la communauté.

28 Puis tu prélèveras comme tribut pour le Seigneur, de la part des gens de guerre qui ont fait l'expédition, une tête sur cinq cents : individus humains, bœufs, ânes et menu bétail.

29 Vous le prendrez sur leur moitié et tu le donneras au pontife Eléazar comme prélèvement du Seigneur.

30 Quant à la moitié afférente aux enfants d'Israël, tu en sépareras un cinquantième, pris au hasard, sur les personnes, sur les bœufs, les ânes et le menu bétail, sur tous les animaux ; et tu

les donneras aux Lévites, qui veillent à la garde de l'habitation du Seigneur."

31 Moïse et le pontife Eléazar firent ce que l'Éternel avait ordonné à Moïse.

32 Or la capture, complément de ce qu'avaient pillé les gens de guerre, se composait ainsi : menu bétail, six cent soixante-quinze mille pièces ;

33 gros bétail, soixante-douze mille ;

34 ânes, soixante et un mille.

35 Quant aux créatures humaines, le nombre des femmes qui n'avaient pas cohabité avec un homme s'élevait à trente-deux mille.

36 La moitié afférente aux hommes de l'expédition fut : en menu bétail, trois cent trente-sept mille cinq cents têtes ;

37 et la quotité réservée au Seigneur sur ce bétail fut de six cent soixante-quinze.

38 En gros bétail, trente-six mille têtes ; quotité pour le Seigneur, soixante-douze.

39 Anes, trente mille cinq cents ; quotité pour le Seigneur, soixante et un.

40 Créatures humaines, seize mille ; quotité pour le Seigneur, trente-deux personnes.

41 Moïse remit ce tribut, prélevé pour l'Éternel, au pontife Eléazar, ainsi que l'Éternel l'avait ordonné à Moïse,

42 A l'égard de la moitié afférente aux enfants d'Israël, part assignée par Moïse sur la prise des gens de guerre ;

43 cette part de la communauté fut : en menu bétail, trois cent trente-sept mille cinq cents têtes

44 en gros bétail, trente-six mille ;

45 ânes, trente mille cinq cents ;

46 individus humains, seize mille.

47 Moïse prit, sur cette moitié échue aux enfants d'Israël, indistinctement un sur cinquante, personnes et animaux, et il les donna aux Lévites, gardiens du tabernacle de l'Éternel, comme l'Éternel l'avait ordonné à Moïse.

48 Les officiers des divers corps de la milice, chiliarques et centurions, s'approchèrent de Moïse,

49 et lui dirent : "Tes serviteurs ont fait le dénombrement des gens de guerre qui étaient sous leurs ordres, et il n'en manque pas un seul.

50 Nous apportons donc en hommage à l'Éternel ce que chacun de nous a trouvé de joyaux d'or, chaînettes, bracelets, bagues, boucles et colliers, pour racheter nos personnes devant l'Éternel."

51 Moïse et le pontife Eléazar reçurent de leur main cet or, toutes ces pièces façonnées.

52 Tout l'or de l'offrande, dont on fit ainsi hommage à l'Éternel, se montait à seize mille sept cent cinquante sicles, offert par les chiliarques et les centurions.

53 Quant aux simples miliciens, ils avaient butiné chacun pour soi.

54 Moïse et le pontife Eléazar, ayant reçu l'or de la part des chiliarques et des centurions, l'apportèrent dans la tente d'assignation, comme mémorial des enfants d'Israël devant le Seigneur.

CHAPITRE TRENTE-DEUX

Or, les enfants de Ruben et ceux de Gad possédaient de nombreux troupeaux, très considérables. Lorsqu'ils virent le pays de Yazer et celui de Galaad, ils trouvèrent cette contrée avantageuse pour le bétail.

2 Les enfants de Gad et ceux de Ruben vinrent donc et parlèrent à Moïse, à Eléazar le pontife et aux phylarques de la communauté, en ces termes :

3 "Ataroth, Dibon, Yazer, Nimra, Hesbon et Elalê ; Sebam, Nébo et Beôn,

4 ce pays, que l'Éternel a fait succomber devant les enfants d'Israël, est un pays propice au bétail ; or, tes serviteurs ont du bétail."

5 Ils dirent encore : "Si nous avons trouvé faveur à tes yeux, que ce pays soit donné en propriété à tes serviteurs ; ne nous fais point passer le Jourdain."

6 Moïse répondit aux enfants de Gad et à ceux de Ruben : "Quoi ! Vos frères iraient au combat, et vous demeureriez ici !

7 Pourquoi voulez-vous décourager les enfants d'Israël de marcher vers le pays que leur a donné l'Éternel ?

8 Ainsi firent vos pères, alors que je les envoyai de Kadêch-Barnéa pour explorer ce pays.

9 Ils montèrent jusqu'à la vallée d'Echkol, ils explorèrent le pays ; puis ils découragèrent les enfants d'Israël de se rendre au pays que leur avait donné l'Éternel.

10 Ce jour-là, le courroux de l'Éternel s'alluma, et il prononça ce serment :

11 "Si jamais ils voient, ces hommes sortis de l'Égypte, âgés de vingt ans ou plus, la contrée que j'ai, par serment, promise à Abraham, à Isaac et à Jacob !... Car ils m'ont été infidèles.

12 Seuls, Caleb, fils de Yefounné le Kenizzéen, et Josué, fils de Noun la verront, parce qu'ils sont restés fidèles au Seigneur."

13 Et le Seigneur, courroucé contre Israël, les a fait errer dans le désert pendant quarante années, jusqu'à l'extinction de cette génération entière, qui avait démérité devant le Seigneur.

14 Et maintenant, vous marchez sur les traces de vos pères, engeance de pécheurs, pour ajouter encore à la colère de Dieu contre Israël !

15 Oui, si vous vous détachez de lui, il continuera de le laisser dans le désert, et vous aurez fait le malheur de tout ce peuple."

16 Alors ils s'approchèrent de Moïse et dirent : "Nous voulons construire ici des parcs à brebis pour notre bétail, et des villes pour nos familles.

17 Mais nous, nous irons en armes, résolument, à la tête des enfants d'Israël, jusqu'à ce que nous les ayons amenés à leur destination, tandis que nos familles demeureront dans les villes fortes, à cause des habitants du pays.

18 Nous ne rentrerons pas dans nos foyers, que les enfants d'Israël n'aient pris possession chacun de son héritage.

19 Nous ne prétendons point posséder avec eux de l'autre côté du Jourdain, puisque c'est en deçà du Jourdain, à l'orient, que notre possession nous sera échue."

20 Moïse leur répondit : "Si vous tenez cette conduite, si vous marchez devant l'Éternel, équipés pour la guerre ;

21 si tous vos guerriers passent le Jourdain pour combattre devant l'Éternel, jusqu'à ce qu'il ait dépossédé ses ennemis,

22 et si, le pays une fois subjugué devant l'Éternel, alors seulement vous vous retirez, vous serez quittés envers Dieu et envers Israël, et cette contrée vous sera légitimement acquise devant le Seigneur.

23 Mais si vous agissez autrement, vous êtes coupables envers le Seigneur, et sachez que votre faute ne serait pas impunie !

24 Construisez donc des villes pour vos familles et des parcs pour vos brebis, et soyez fidèles à votre parole."

25 Les enfants de Gad et ceux de Ruben repartirent à Moïse en disant : "Tes serviteurs feront comme mon seigneur l'ordonne.

26 Nos enfants, nos femmes, nos troupeaux et tout notre bétail, resteront là, dans les villes de Galaad,

27 tandis que tes serviteurs, tous ceux qui peuvent s'armer pour la milice, marcheront aux combats devant l'Éternel, comme l'a dit mon seigneur."

28 Moïse enjoignit, à leur sujet, au pontife Eléazar, à Josué, fils de Noun, et aux principaux membres des tribus des enfants d'Israël,

29 en leur disant : "Si les enfants de Gad et ceux de Ruben, tous ceux qui peuvent s'armer pour la lutte, passent avec vous le

Jourdain devant le Seigneur et vous aident à soumettre le pays, vous leur attribuerez la contrée de Galaad comme propriété.

30 Mais s'ils ne marchent point en armes avec vous, ils devront s'établir au milieu de vous, dans le pays de Canaan."

31 Les enfants de Gad et ceux de Ruben répondirent en ces termes : "Ce que l'Éternel a dit à tes serviteurs, ils le feront exactement.

32 Oui, nous passerons en armes, devant le Seigneur, dans le pays de Canaan, conservant la possession de notre héritage de ce côté-ci du Jourdain."

33 Alors Moïse octroya aux enfants de Gad et à ceux de Ruben, ainsi qu'à la moitié de la tribu de Manassé, fils de Joseph, le domaine de Sihôn, roi des Amorréens, et le domaine d'Og, roi du Basan ; tout ce pays selon les limites de ses villes, les villes du pays dans toute son étendue.

34 Et les enfants de Gad rebâtirent Dibôn, Ataroth et Arœr ;

35 Atroth-Chofân, Yazer et Yogbeha ;

36 Bêth-Nimra et Bêth-Harân, comme viles fortes et parcs à bétail.

37 Et les enfants de Ruben rebâtirent Hesbon, Elalê et Kiryathayim ;

38 Nébo, Baal-Meôn (qui changèrent de nom) et Sibma. Ils remplacèrent par d'autres noms les noms des villes qu'ils rebâtirent.

39 Les enfants de Makhir, fils de Manassé, marchèrent sur le Galaad et s'en rendirent maîtres, et expulsèrent les Amorréens qui l'habitaient.

40 Et Moïse donna le Galaad à Makhir, fils de Manassé, qui s'y établit.

41 Yaïr, descendant de Manassé, y alla aussi et s'empara de leurs bourgs, qu'il nomma Bourgs de Yaïr.

42 Nobah aussi y alla et s'empara de Kenath et de sa banlieue, qu'il appela Nobah, de son propre nom.

CHAPITRE TRENTE-TROIS

Voici l'itinéraire des enfants d'Israël, depuis qu'ils furent sortis du pays d'Égypte, selon leurs légions, sous la conduite de Moïse et d'Aaron.

2 Moïse inscrivit leurs départs et leurs stations sur l'ordre de l'Éternel ; voici donc leurs stations et leurs départs :

3 ils partirent de Ramsès dans le premier mois, le quinzième jour du premier mois ; le lendemain de la Pâque, les enfants d'Israël sortirent, triomphants, à la vue de toute l'Égypte,

4 tandis que les Égyptiens ensevelissaient ceux que l'Éternel avait frappés parmi eux, tous les premiers-nés, l'Éternel faisant ainsi justice de leurs divinités.

5 Partis de Ramsès, les enfants d'Israël s'arrêtèrent à Soukkot.

6 Ils repartirent de Soukkot et se campèrent à Ethâm, situé sur la lisière du désert.

7 Puis ils partirent d'Ethâm, rebroussèrent vers Pi-Hahirot, qui fait face à Baal-Cefôn, et campèrent devant Migdol.

8 Ils partirent de devant Pi-Hahirot, se dirigèrent, en traversant la mer, vers le désert, et après une marche de trois journées dans le désert d'Ethâm, s'arrêtèrent à Mara.

9 Partis de Mara, ils arrivèrent à Elim. Or, à Elim étaient douze sources d'eau et soixante-dix palmiers, et ils s'y campèrent.

10 Puis ils repartirent d'Elim, et campèrent près de la mer des Joncs.

11 Ils repartirent de la mer des Joncs et campèrent dans le désert de Sîn.

12 Ils repartirent du désert de Sîn, et campèrent à Dofka.

13 Ils repartirent de Dofka, et campèrent à Alouch.

14 Ils repartirent d'Alouch, et campèrent à Rephidîm, où il n'y eut point d'eau à boire pour le peuple.

15 Ils repartirent de Rephidîm, et campèrent dans le désert de Sinaï.

16 Ils repartirent du désert de Sinaï, et campèrent à Kibroth-Hattaava.

17 Ils repartirent de Kibroth-Hattaava, et campèrent à Hacêroth.

18 Ils repartirent de Hacêroth, et campèrent à Rithma.

19 Ils repartirent de Rithma, et campèrent à Rimmôn-Péreç.

20 Ils repartirent de Rimmôn-Péreç, et campèrent à Libna,

21 Ils repartirent de Libna, et campèrent à Rissa.

22 Ils repartirent de Rissa, et campèrent à Kehêlatha.

23 Ils repartirent de Kehêlatha, et campèrent au mont Chéfer.

24 Ils repartirent du mont Chéfer, et campèrent à Harada.

25 Ils repartirent de Harada, et campèrent à Makhêloth.

26 Ils repartirent de Makhêloth, et campèrent à Tahath.

27 Ils repartirent de Tahath, et campèrent à Térah.

28 Ils repartirent de Térah, et campèrent à Mitka.

29 Ils repartirent de Mitka, et campèrent à Haschmona.

30 Ils repartirent de Haschmona, et campèrent à Mossêroth.

31 Ils repartirent de Mossêroth, et campèrent à Benê-Yaakan.

32 Ils repartirent de Benê-Yaakan, et campèrent à Hor-Haghidgad.

33 Ils repartirent de Hor-Haghidgad, et campèrent à Yotbatha.

34 Ils repartirent de Yotbatha, et campèrent à Abrona.

35 Ils repartirent d'Abrona, et campèrent à Asiongaber.

36 Ils repartirent d'Asiongaber, et campèrent au désert de Cîn, c'est-à-dire à Kadêch.

37 Ils repartirent de Kadêch et campèrent à Hor-la-Montagne, à l'extrémité du pays d'Edom.

38 Aaron, le pontife, monta sur cette montagne par ordre de l'Éternel, et y mourut. C'était la quarantième année du départ des Israélites du pays d'Égypte, le premier jour du cinquième mois.

39 Aaron avait cent vingt-trois ans lorsqu'il mourut à Hor-la-Montagne.

40 C'est alors que le Cananéen, roi d'Arad, qui habitait au midi du pays de Canaan, apprit l'arrivée des enfants d'Israël.

41 Puis, ils partirent de Hor-la-Montagne, et vinrent camper à Çalmona.

42 Ils repartirent de Çalmona, et campèrent à Pounôn.

43 Ils repartirent de Pounôn, et campèrent à Oboth.

44 Ils repartirent d'Oboth et campèrent à Iyyê-Haabarîm, vers les confins de Moab.

45 Ils repartirent d'Iyyîm, et campèrent à Dibôn-Gad.

46 Ils repartirent de Dibôn-Gad, et campèrent à Almôn-Diblathayim.

47 Ils repartirent d'Almôn-Diblathayim et campèrent parmi les monts Abarim, en face de Nébo.

48 Ils repartirent des monts Abarîm et campèrent dans les plaines de Moab, près du Jourdain qui est vers Jéricho.

49 Ils occupaient la rive du Jourdain, depuis Bêth-Hayechimoth jusqu'à Abêl-Hachittîm, dans les plaines de Moab.

50 L'Éternel parla ainsi à Moïse dans les plaines de Moab, près du Jourdain vers Jéricho :

51 "Parle aux enfants d'Israël en ces termes : Comme vous allez passer le Jourdain pour atteindre le pays de Canaan,

52 quand vous aurez chassé devant vous tous les habitants de ce pays, vous anéantirez tous leurs symboles, toutes leurs idoles de métal, et ruinerez tous leurs hauts-lieux.

53 Vous conquerrez ainsi le pays et vous vous y établirez ; car c'est à vous que je le donne à titre de possession.

54 Vous lotirez ce pays, par la voie du sort, entre vos familles, donnant toutefois aux plus nombreux un plus grand patrimoine et aux moins nombreux un patrimoine moindre, chacun recevant ce que lui aura attribué le sort ; c'est dans vos tribus paternelles que vous aurez vos lots respectifs.

55 Or, si vous ne dépossédez pas à votre profit tous les habitants de ce pays, ceux que vous aurez épargnés seront comme des épines dans vos yeux et comme des aiguillons à vos flancs : ils vous harcèleront sur le territoire que vous occuperez ;

56 et alors, ce que j'ai résolu de leur faire, je le ferai à vous-mêmes."

CHAPITRE TRENTE-QUATRE

L'Éternel parla à Moïse en ces termes :

2 "Donne aux enfants d'Israël les instructions suivantes : Comme vous allez entrer dans ce pays de Canaan, voici quel territoire vous tombera en partage : le pays de Canaan selon ses limites.

3 Vous aurez pour côté méridional le désert de Cîn, sur la lisière d'Edom ; cette limite du midi commencera pour vous à la pointe orientale de la mer Salée.

4 Puis la limite s'infléchira, par le midi, vers la montée d'Akrabbîm, atteindra Cîn et aboutira au midi de Kadêch-Barnéa ; sortira vers Haçar-Addar, ira jusqu'à Açmôn ;

5 d'Açmôn, la ligne déviera vers le torrent d'Égypte, et se terminera à la mer.

6 Pour la frontière occidentale, c'est la grande mer qui vous en tiendra lieu : telle sera pour vous la frontière occidentale.

7 Voici quelles seront vos bornes au nord : vous tracerez une ligne de la grande mer à Hor-la-Montagne ;

8 de Hor-la-Montagne vous la continuerez jusqu'à Hémath, d'où la démarcation aboutira à Cedad ;

9 puis elle atteindra Zifrôn, et aura pour terme Haçar-Enân : telles seront vos bornes au nord.

10 Pour vos bornes à l'orient, vous tirerez une ligne de Haçar-Hênân à Chefâm ;

11 de Chefâm, cette ligne descendra jusqu'à Ribla, en passant à l'orient d'Ayîn ; puis, descendant encore, elle suivra le bord oriental de la mer de Kinnéreth,

12 descendra encore le long du Jourdain, et viendra aboutir à la mer Salée. Tel sera votre territoire, quant aux limites qui doivent le circonscrire."

13 Moïse transmit cet ordre aux enfants d'Israël, en disant : "C'est là le territoire que vous vous partagerez au sort, et que l'Éternel a ordonné d'attribuer aux neuf tribus et demie.

14 Car, pour la tribu des descendants de Ruben selon leurs familles paternelles, la tribu des descendants de Gad selon les leurs, et la demi-tribu de Manassé, elles ont déjà reçu leur lot :

15 ces deux tribus et demie ont reçu leur lot sur la rive du Jourdain faisant face à Jéricho, du côté de l'orient."

16 L'Éternel parla à Moïse en ces termes :

17 "Voici les noms des hommes qui doivent prendre, pour vous, possession du pays : Eléazar le pontife, et Josué, fils de Noun ;

18 plus un chef, un chef par tribu, que vous chargerez de prendre possession du pays.

19 Voici les noms de ces hommes : pour la tribu de Juda : Caleb, fils de Yefounné ;

20 pour la tribu des enfants de Siméon : Samuel, fils d'Ammihoud ;

21 pour la tribu de Benjamin : Elidad, fils de Kislôn ;

22 pour la tribu des enfants de Dan, le chef sera Bouki, fils de Yogli ;

23 quant aux descendants de Joseph, la tribu des enfants de Manassé aura pour chef Hanniël, fils d'Efod,

24 et celles des enfants d'Ephraïm, Kemouêl, fils de Chiftân.

25 Chef pour la tribu des enfants de Zabulon : Eliçafân, fils de Parnakh ;

26 chef pour la tribu des enfants d'Issachar : Paltïel, fils d'Azzân ;

27 chef pour la tribu des enfants d'Aser : Ahihoud, fils de Chelomi ;

28 et pour la tribu des enfants de Nephtali, le chef sera Pedahel, fils d'Ammihoud."

29 Tels sont ceux à qui l'Éternel donna mission de répartir entre les enfants d'Israël, le pays de Canaan.

CHAPITRE TRENTE-CINQ

L'Éternel parla à Moïse dans les plaines de Moab, près du Jourdain, vers Jéricho, en disant :

2 "Avertis les enfants d'Israël qu'ils doivent donner aux Lévites, sur leur part de possession, des villes pour qu'ils y habitent, outre une banlieue, autour de ces villes, que vous leur donnerez également.

3 Les villes leur serviront pour l'habitation ; et les banlieues seront pour leur bétail, pour leurs biens, pour tous les besoins de leur vie.

4 Ces banlieues des villes que vous donnerez aux Lévites comporteront, à partir du mur de chaque ville, un rayon de mille coudées.

5 Vous mesurerez, extérieurement à la ville, deux mille coudées du côté de l'orient, deux mille du côté du midi, deux mille du côté de l'occident et deux mille du côté du nord, ayant pour centre la ville : telles seront les banlieues de leurs villes.

6 Ces villes que vous devez donner aux Lévites sont,

d'abord, les six villes de refuge, que vous accorderez pour que le meurtrier s'y retire ; en outre, vous y ajouterez quarante-deux villes.

7 Total des villes que vous donnerez aux Lévites : quarante-huit villes, avec leurs banlieues.

8 Pour ces villes que vous devez distraire de la propriété des enfants d'Israël, vous exigerez davantage de la plus grande tribu, à la moindre vous demanderez moins : chacun cédera de son territoire aux Lévites, à proportion de la part qu'il aura obtenue."

9 L'Éternel parla à Moïse en ces termes :

10 "Parle aux enfants d'Israël, et dis-leur : Comme vous allez passer le Jourdain pour gagner le pays de Canaan,

11 vous choisirez des villes propres à vous servir de cités d'asile : là se réfugiera le meurtrier, homicide par imprudence.

12 Ces villes serviront, chez vous, d'asile contre le vengeur du sang, afin que le meurtrier ne meure point avant d'avoir comparu devant l'assemblée pour être jugé.

13 Quant aux villes à donner, vous aurez six villes de refuge.

14 Vous accorderez trois de ces villes en deçà du Jourdain, et les trois autres dans le pays de Canaan ; elles seront villes de refuge.

15 Pour les enfants d'Israël comme pour l'étranger et le domicilié parmi eux, ces six villes serviront d'asile, où pourra se réfugier quiconque a tué une personne involontairement.

16 Que s'il l'a frappée avec un instrument de fer et qu'elle en soit morte, c'est un assassin ; l'assassin doit être mis à mort.

17 Si, s'armant d'une pierre qui peut donner la mort, il a porté un coup mortel, c'est un assassin ; l'assassin doit être mis à mort.

18 Pareillement, si, armé d'un objet en bois pouvant donner

la mort, il a porté un coup mortel, c'est un assassin ; l'assassin doit être mis à mort.

19 C'est le vengeur du sang qui fera mourir l'assassin ; s'il le rencontre, qu'il le fasse mourir.

20 Si quelqu'un heurte un autre par haine ou lui lance quelque chose avec préméditation, et qu'il en meure ;

21 ou si, par inimitié, il lui porte un coup avec la main et qu'il meure, l'homicide doit être mis à mort, c'est un assassin ; le vengeur du sang devra le tuer sitôt qu'il le rencontre.

22 Mais s'il l'a heurté fortuitement, sans hostilité, ou s'il a jeté quelque objet sur lui sans dessein de l'atteindre ;

23 si encore, tenant une pierre qui peut donner la mort, il la fait tomber sur quelqu'un qu'il n'avait pas vu et le fait mourir, sans d'ailleurs être son ennemi ni lui vouloir du mal,

24 l'assemblée sera juge entre l'homicide et le vengeur du sang, en s'inspirant de ces règles.

25 Et cette assemblée soustraira le meurtrier à l'action du vengeur du sang, et elle le fera reconduire à la ville de refuge où il s'était retiré ; et il y demeurera jusqu'à la mort du grand-pontife, qu'on aura oint de l'huile sacrée.

26 Mais si le meurtrier vient à quitter l'enceinte de la ville de refuge où il s'est retiré,

27 et que le vengeur du sang, le rencontrant hors des limites de son asile, tue le meurtrier, il ne sera point punissable.

28 Car le meurtrier doit rester dans son asile jusqu'à la mort du grand-pontife ; et après la mort de ce pontife seulement, il pourra retourner au pays de sa possession.

29 Ces prescriptions auront pour vous force de loi dans toutes vos générations, dans toutes vos demeures.

30 Dans tout cas d'homicide, c'est sur une déclaration de

témoins qu'on fera mourir l'assassin ; mais un témoin unique ne peut, par sa déposition, faire condamner une personne à mort.

31 Vous n'accepterez point de rançon pour la vie d'un meurtrier, s'il est coupable et digne de mort : il faut qu'il meure.

32 Vous n'accepterez pas non plus de rançon pour que, dispensé de fuir dans la ville de refuge, on puisse revenir habiter dans le pays avant la mort du pontife.

33 De la sorte, vous ne souillerez point le pays où vous demeurez. Car le sang est une souillure pour la terre ; et la terre où le sang a coulé ne peut être lavée de cette souillure que par le sang de celui qui l'a répandu.

34 Ne déshonorez point le pays où vous habiterez, dans lequel je résiderai ; car moi-même, Éternel, je réside au milieu des enfants d'Israël."

CHAPITRE TRENTE-SIX

Les chefs de famille de la descendance de Ghilad, fils de Makhir, fils de Manassé, de la lignée des enfants de Joseph, se présentèrent et parlèrent ainsi devant Moïse et devant les phylarques, principaux chefs des enfants d'Israël ;

2 ils dirent : "L'Éternel a ordonné à mon seigneur d'attribuer le pays en héritage, par la voie du sort, aux enfants d'Israël ; d'autre part, mon seigneur a été chargé par l'Éternel d'attribuer l'héritage de Celofhad, notre frère, à ses filles.

3 Or, si elles contractent mariage dans quelqu'une des autres tribus des enfants d'Israël, leur héritage sera retranché de l'héritage de nos pères, s'ajoutera à l'héritage de la tribu où elles auront passé, et notre lot patrimonial en sera amoindri.

4 Lors même que le jubilé aura lieu pour les enfants d'Israël, leur héritage à elles restera joint à celui de la tribu où elles auront passé, et le patrimoine de la tribu de nos pères en restera diminué d'autant."

5 Et Moïse donna aux enfants d'Israël, sur l'ordre de l'Éter-

nel, les instructions suivantes : "La tribu des enfants de Joseph a raison.

6 Voici ce que l'Éternel a prescrit au sujet des filles de Celofhad : elles pourront épouser qui bon leur semblera ; toutefois, c'est dans une famille de leur tribu paternelle qu'elles doivent contracter mariage.

7 De la sorte, aucun héritage, chez les enfants d'Israël, ne sera transporté d'une tribu à une autre, mais chacun des enfants d'Israël demeurera attaché à l'héritage de la tribu de ses pères.

8 Toute fille appelée à hériter, parmi les tribus des enfants d'Israël, devra épouser quelqu'un qui appartienne à la tribu de son père ; afin que les enfants d'Israël possèdent chacun l'héritage de leurs pères,

9 et qu'il n'y ait pas d'évolution d'héritage d'une tribu à une tribu différente, les tribus des enfants d'Israël devant, chacune, conserver leur héritage."

10 Comme l'Éternel l'avait ordonné à Moïse, ainsi agirent les filles de Celofhad.

11 Mahla, Tirça, Hogla, Milka et Noa se marièrent avec les fils de leurs oncles.

12 Ce fut donc dans les familles issues de Manassé, fils de Joseph, qu'elles se marièrent, et leur héritage resta dans la tribu de leur souche paternelle.

13 Tels sont les préceptes et les statuts que l'Éternel imposa, par l'organe de Moïse, aux enfants d'Israël, dans les plaines de Moab, au bord du Jourdain vers Jéricho.

Copyright © 2020 par FV Éditions
ISBN -Ebook : 979-10-299-0897-2
ISBN - Couverture souple : 9798643260516
ISBN - Couverture rigide : 979-10-299-0898-9
Tous Droits Réservés

*

Également Disponible
BERESHIT : LE LIVRE DE LA GENÈSE
SHEMOT : LE LIVRE DE L'EXODE
VAYIQRA : LE LIVRE DU LÉVITIQUE

www.ingramcontent.com/pod-product-compliance
Lightning Source LLC
LaVergne TN
LVHW091544070526
838199LV00002B/198